COSMIC
GARDEN
VISION INFINITY

The Portal to Cosmic Consciousness

UNFINISHED BUSINESS

WHAT THE DEAD CAN TEACH US ABOUT LIFE

（原名：未竟之事）

靈魂想的和你不一樣

來自靈魂的訊息

《指導靈的智慧》作者

詹姆斯・范普拉 James Van Praagh 著

林雨蒨 譯

你不只是肉體，你的生命從未因肉體死亡而結束。

事實是，你是透過肉體體驗人世的靈魂。

聽聽回到另一個世界的靈魂怎麼說；

活出無憾人生，解脫人世輪迴的奧秘就在其中。

新版序

這世上每一刻都有人出生，有人死亡。我們其實一直離死亡很近。只因為每日的生活，人們過度投入於追求物質的安全感當中，常常忘了時光稍縱即失，而人生不僅僅是活著而已。來此一遭，生命必然有它更高的意義和價值。

去年爆發的新冠肺炎，一個全球性的事件，迅速改變了各地和各階層人們的生活，除了被迫面對可能的病毒感染和死亡議題，連帶的，也必須重新省視生命。而這本書，簡而言之，核心就是死亡、生命和愛。書裡的故事不只有親情、愛情和友情，也涵蓋了心理和靈性面，好看又深具啟發。

向來忠實傳遞靈界訊息，從不譁眾取寵的知名靈媒詹姆斯·范普拉，在書裡分享了許多他個人的人生體悟和透過靈媒工作所得的洞見。文字間傳遞的正確靈性觀和人生觀，對每一個人都是非常好的人生提醒。

如果讀者願意敞開心，以他人的經驗為借鏡，並將來自靈界的愛的訊息，實際應用在這趟人生旅程，相信可以少受些苦，生活裡也會多些開心、多些愛和心靈的自在。

人類其實可以不必一直困在輪迴迴圈裡打轉。人們事實上能夠透過他人的境遇，吸取經驗，擴展視野和觀點，而當生命藍圖裡安排的挑戰發生時（為了學習課題和平衡業力），透過閱讀所吸收的訊息和內化的知識，便能協助你由更高的觀點看待事件，因而改變被情緒和小我引導的行進軌跡，省下許多迂迴的道路，並避免無謂的痛苦和遺憾。這是宇宙花園當初出版這本書的動機，也是現在不捨好書絕版，於是重新整理，印製新版的原因。

在世界越來越紛擾的今天，希望這本書（算是靈性基礎書吧）能觸及更多人，幫助更多人面對生命中的失去，並以靈魂的觀點積極活出充實的美善人生。

二〇二一年二月
園丁

園丁的話

閉上眼睛，想像一下，
如果明天是你在人間的最後一天……
你會是坦然自在，安心的闔眼，回到另一個世界，
還是心急不安，充滿悔恨？

什麼會是你的未竟事宜？

你會想到那些因為拖延而尚未完成的人生夢想，
懊悔自己對他人的傷害，
還有遺憾自己沒有說出口的愛嗎？

如果你知道自己或是你關愛的人時日無多，

你的生活又會有怎樣的改變？
你會如何安排你的人生？

現在，就那麼去做，
不必然是成就一件大事，
或許，只是一個心態的轉換，
你開始停下腳步，深深呼吸，感受自己這刻的健康與自足是多麼美好的事。
或許，只是懂得多一些包容和知足，
當那天來臨，你心裡就會有想像不到的平靜……

目錄

第三篇 靈魂看得很清楚

第四篇 新人生

謹以本書獻給落入凡塵的天使琳達・湯琴（Linda Tomchin），多虧有妳的協助，我才得以滋養世人的心靈，開啓他們的心。對妳，我永遠心懷感激。

聲明：本書敘述的個別體驗皆為真人真事，惟人名和特定的細節經過更動，以保護相關人士。

序幕

金妮．梅爾看了錶一眼。長針逼近十一，短針觸及五。奈爾隨時會下班返抵家門，她暗忖著，班一個人在家的時間不會太久，何況班和他的朋友安德魯都黏在電視機前，正在看大受歡迎的日本卡通「皮卡丘」最新一集，眼睛大概都看到發直了。對迷失在「皮卡丘」世界裡的小孩，媽媽只不過是背景的雜音。兩個男孩甚至沒聽到金妮對他們說她要去一下南西家。如同班對卡通的癡迷，金妮對料理也懷有同樣的熱愛。她剛完成一道全新的火雞肉捲，等不及要聽聽南西的意見。

南西是理想的隔壁鄰居。除了分享食譜，她也常聽金妮訴苦，並會在市場幫忙買點東西或去學校接小孩回來。某種程度上，這就像跟自己的姊妹比鄰而居，金妮的心因此備覺溫馨。她的親姊妹住在兩千英里外，南西完美地取代了姊妹的位子。不過因爲家庭、教會和工作的關係，她們在一起的時間並不多，所以即便只有少少一點的時間能聊聊女生的話題，對金妮來說都彌足珍貴。

南西咬了一口肉捲，再喝了一點爽澀的夏布利酒。她從不在白天飲酒，但她和金妮已有一個多月沒有聚聚，這是個特殊的場合。南西給了金妮一個溫暖的微笑，金妮立刻明白她最新的美食創作博得好友讚賞，一股自豪的感受油然而生。

車門甩上的聲音傳來，她們的心思瞬間從廚藝被拉回現實。金妮知道八成是奈爾回來了，她的胃忽然就這麼隱隱作痛起來。她雖很想繼續待在南西家，但她知道奈爾一定會納悶她跑哪裡去，對她要到隔壁家分享新菜色也不太能理解。她和南西相擁道別，南西說：「我瞭解，你有職責在身。」

金妮匆匆跑回自家前院的草坪，邊張望著奈爾的卡車是否停在車道上。就在她走到前門時，門啪地打開，小安德魯幾乎與她撞個滿懷。他轉過身，停下來，仰頭看了她一眼，接著又繼續在走道上奔跑。金妮沒有多想安德魯是怎麼回事。或許班說了什麼讓他覺得受傷的話吧！

金妮進屋，聽到電視的聲音震天價響。她高聲呼喚班和奈爾，同時迅速地拿起遙控器降低音量，屋內頓時陷入一片死寂。一切似乎都靜止不動。她朝樓梯走去，反覆喊著父子倆的名字。沒有回應。金妮開始慌了。事情不太對勁。

樓上傳來聲響，金妮三步併兩步地往樓梯上跑，邊喊著要奈爾回應。當她抵達最上一層時，班的房間傳來一聲令人心寒的尖叫，她不由得瑟縮了一下。她的視線探入房裡，看到難以置信的一幕——奈爾渾身是血，抱著他們已無生命跡象的兒子。奈爾瞪著天花板，痛苦吶喊。幾顆子彈散落地上，旁邊正是那把金妮前兩天才要求奈爾藏好，免得兒子拿去玩的九鳌米左輪手槍。但是現在一切都已太遲。

言語無法形容內心的傷痛。夫妻倆拉著小男孩的身軀，懇求他醒過來，而他早已撒手人寰。

這是金妮和奈爾的人生中最難熬的一天。

作者前言

方才的故事是個令人駭然的致命錯誤。我們很難相信會發生這種事，但它確實比我們以爲得更常發生。這個故事雖然不是父母失去孩子的典型情境，但之所以特別選它，是因爲這個故事在我的心中揮之不去。金妮和奈爾來找我協助時，有著層層的罪惡感、指責和羞愧，我因此很難把班的靈魂帶到他們面前。他們不但仍爲了失去兒子而深深哀慟，我知道他們的腦中也不斷上演著這是你的錯還是我的錯的戲碼。金妮怪奈爾不聽她的話，沒把槍藏在安全的地方，同時也爲了自己獨自留下兩個男孩在家而愧疚。奈爾責怪金妮沒有顧好孩子，但對自己沒有把槍鎖起來一樣深感罪疚。他們都覺得班的死是自己的錯，也覺得自己有負配偶的期望。他們雖活著，卻了無生氣，宛若已和兒子一同死去。

當班的靈魂出現時，他對他的父母有許多的愛和諒解，他並且試著要他們回歸正常生活。他懇求他們接受他的寬恕，並原諒彼此。我還記得聽到一個小孩對他的父母說：「你們還有漫長的人生要過，不要再搞砸了。」感覺是多麼地諷刺。由於班終於出現，我知道奈爾和金妮離開時感到寬慰許多，但我也明白，他們仍深陷在究竟是誰的錯的情境中不可自拔。後來，我輾轉從共同的朋友那裡聽說，他們終究走上了離婚一途。

我覺得很難過，班從另一個世界所展現的愛與原諒不足以讓他的父母長相廝守。班最不想看到的就是父母離異。他們沒有化悲憤為力量（好比為槍枝管制奔走），以榮耀兒子，反而讓罪惡感一直存在。他們沒有設法防止類似悲劇發生在其他家庭，錯過了將他們的錯誤轉化為貢獻這個世界的機會。

在另一個可能的情境裡，金妮和奈爾會永遠在一起。他們對別人講解槍枝安全，並會有更多小孩，他們的愛也繼續成長。想像一下，班要是知道自己沒有白死，該有多麼高興。

這是我何以要寫這本書的原因。我從另一個世界學到了許多要如何好好生活的事，直到現在，靈界的訊息仍持續令我驚訝。過去二十五年間，我透過寫書和現場示範，分享了許多靈魂的故事，但我常因靈魂的忠告被忽視而感到失望。人們常在我正確說出人名或死亡過程之類的證據和細節時驚詫不已，卻對靈魂的指引充耳不聞。

你瞧，人死了以後會脫離肉體，靈魂的自我會從一個全然不同的觀點回顧人生。他們就像是動了雷射手術，不只不用再戴眼鏡，還能看得比以前更清楚。靈魂瞭解某些事情為何必須發生。他們能夠認出其他人的價值，甚至敵人；以及自己必須從別人身上學習什麼。他們也意識到若能放下小我，就不會犯下某些錯誤。靈魂在進入光以後，會很渴望與活著的人分享他們新發現的知識。我很幸運能受惠於許多靈魂的智慧和指引，也很樂於將他們的洞見與你分享。

過去已經不是我們所能掌控，然而有好多人仍然執迷於過往，不斷想著自己「應該」怎麼做、「可以」怎麼做、如果怎樣，就會怎麼做、然後對工作、家庭、財務、所做的決定和人生有著滿懷的懊悔。但這是面對人生的老方法了。我們唯一擁有的力量是在「現在」，我們的現在則左右著我們的未來。

我們已經變成一個對自我的責任感越來越少，對他人的責怪卻越來越多的社會。當事情不順遂，我們把自己的不幸怪罪到其他人（或神）的頭上。當悲劇發生，我們感到憤怒和內疚，而不去把事件看成是創造好事的機會。我們不斷在心裡重演兒時或最近的情緒，即使我們沒有任何改變，卻莫名地認爲人生會出現神奇的轉彎。如果不克服這樣的心態，我們將一直覺得人生沉重無比。但我們究竟該怎麼做才好？

利用本書讓自己活得優雅點吧。機會天天都來敲門；事情會變，人會變，你也可以改變。這一切都跟對自己的思想與反應負起責任有關。你的思想是有力量的；你正在過的生活就是你的思想的結果。思想並非虛無飄渺的東西；它是一股能量。正是由於思想的力量，即使寬恕是最難做到的事，靈魂仍鼓勵我們去寬恕，並督促我們突破恐懼，使夢想成眞。透過在日常生活中落實靈魂的建議，我們能夠開始化衝突爲和平，轉憤怒爲仁慈。我們能夠停止責怪別人，接受自己的責任並修正錯誤，將哀傷轉化為成就的動力。

我們天生就是要過充滿愛的生活，你所有的需求定會得到滿足。我們也原本就該表現自己的獨特。靈界的朋友們希望我們對生命有所貢獻，活得快樂，並且在跨越光的門檻回家的時機來臨之前，完成所有的未竟之事。

閱讀本書，你已是往正確的方向邁出一步。本書的每一頁都有靈魂的指引，它將啓發你超越自己所知的一切。

我祝福你擁有充滿愛、滿足和快樂的人生，以及一個自主、有力量的生命旅程。

第一篇──情緒包袱

第一章　罪惡感

人皆因自己沒去做的善行而有罪。

——伏爾泰

我的注意力全集中在即將往下落入一池清水的那滴水珠上。隨著腦中那股砰砰聲響的退去，我離那滴水珠更近了。接著，我在瞬間朝它高飛，宛若乘著迪士尼樂園的馬特峰飛車飛馳旋轉著。同時間，我的心思卻冒出一連串的疑問。我在哪裡？怎麼會到這兒？當我的眼睛聚焦，看清了那是床側連結的一袋生理食鹽水的點滴管時，我的好奇也嘎然而止。顯然我身在醫院的病房裡，但我並不記得自己發生了什麼事。我還活著嗎？還是已經去了別處？我的感知力向來很強，此時卻不知怎地有些不同。

突然間，我有種被困在身體裡難以承受的束縛感。我張嘴喊叫，但發不出任何聲音。一群怪異的人出現在我面前。我曾經見過這些人的臉，好似是很久以前。其中有張臉特別突出。那是張男人的臉，他強烈的表情似乎要穿透我的身軀。我知道在那雙眼睛之後蘊含著某種古老的智慧。他是否能回答我所有的疑惑？他想要向我透露什麼嗎？他的臉越來越靠近我的臉，看上去也變得更龐大。他正要開口說話，場景卻驟然改變。

我突然飛出了窗外，在我眼前，是一幕不可思議的畫面。那是混雜了紫、藍、粉紅和橘色的夕陽。我瞬間感覺天空在歡慶著它的喜悅，那些色彩宛如具有生命般地呼吸。然後所有的色調都以最令人愉快的方式混合，變成許許多多的花藝、風景和遠處升起的彩虹。當我試著瞭解這令人著迷的場景，並探索它對我的意義時，醫院病房裡的男子再度出現。他說話了。只是，他的話被電話鈴聲的刺耳聲響蓋了過去。

我回到了現實，對於未能從夢中那魅影般的男子聽得訊息懊惱不已。我摸索著伸手去拿話筒，放到耳邊。

「喂？」我沒好氣地咕噥著說。

「嗨，詹姆斯，該醒了。我是ＫＰＺ的安妮。準備好要上電台節目了嗎？」

「我有多少時間準備？」

「大約二十分鐘。」

我把棉被推到一旁，開始我每天早上的儀式，感謝宇宙給了我另一天的生命，並懇求上帝給予保護之光。然後我蹣跚地走入廚房，先用咖啡壺煮上兩杯爪哇咖啡，再抽出便條本和筆，爲上電台節目作準備。每當靈魂從另一個世界出現，我把感應到的訊息寫下或畫出來對我會很有幫助。

當我坐著等候神奇的萬靈丹煮好時，我回想夢中的經歷，忍不住揣測它的意義。就跟大多數人一樣，夢中的情境總是令我著迷。它們是完全屬於它們自己世界的神秘想像。然而，透過我的靈媒工作，我發現夢境對我們透露了許多重要的事，只是我們必須要花時間去找出要注意些什麼，還有要如何使用這些資料。對我來說，瞭解夢境的第一步就是把它寫下來。如果沒寫，隨著時間流逝，我會越來越記不得夢中的體驗與影像。

人類的心智在意識清醒的白天受到極大量刺激的轟炸。儘管我們通常沒有意識到周遭所有正在發生的事，但心智、情緒、生理和靈性自我卻深受這些思想和影像的影響。潛意識會儲存這些刺激，待我們入睡之後，再將白天的印象重播爲夢境。

我雖不是解夢專家，但還知道夢境可以分成好幾種。有些夢以惡夢的形式呈現我們的心理和情緒焦慮；有些夢則是象徵性質，不過因爲大多數人都不清楚事物的象徵意義，因此通常夢境都晦澀難解。舉例來說，老鼠可能不是老鼠，而是被我們視爲「鼠輩」的某人。此外，有些夢是心電感應的類型，已故的親友可能透過這些夢傳送訊息給我們。

還有一種是預知夢。在這類夢裡，我們能實際看到、感受到或經歷到未來的事件。一九九四年，我夢到一輛火車穿越我家餐廳的牆壁。我並沒有眞的看到火車，但在夢裡感覺像是火車。它發出很大的聲響，整棟房子都爲之震動，酒杯從架上飛了出來，掉到地上碎成片片。三天後的凌晨四點三十一分，洛杉磯發生了北嶺大地震。當我從臥室跑出來，我看到東西從架上掉落，玻璃碎片灑了餐廳一地。我的火車夢顯然是個警告，因爲地震的經歷往往很像火車疾駛而過的聲音和感受。然而，你不必是個靈媒也會作預知夢。

我邊凝視著空白的便條本，一邊等著啜飲第一口咖啡，我在心中回想夢中的影像，試圖理解箇中意涵。昨夜的夢似乎比大多數的夢對我有著更大的影響。感覺上，不論那位神祕男子是誰，他想要傳達給我的訊息都很強烈。除非能將夢境解碼，否則我不會安心。

我鉅細靡遺地寫下夢中所有影像和所見之物，同時對意識、靈界，以及人體死亡之後，靈魂離開物質世界時一併帶走的大量思緒和經驗感到好奇。我思索著人們身後遺留的那些沒有解決和完成的事，以及它們又是如何讓我們無法享有完全自由和喜悅的生活。

每個人，不論死了或是活著，都有一些未竟之事。爲什麼會這樣呢？我納悶著。爲何靈魂會選擇經歷一些極具傷害性的體驗，形塑了他們的想法、性格與生活，然後卻在問題尚未解決前便離開人世？爲什麼我們要緊抓著痛苦的經驗不放？這些體驗是否會帶來什麼正面的事物？

我很快有了答案……課題。

我們之所以會經歷到生命中各式各樣的遭遇，全是爲了一個目的——學習。這些體驗實際上是給靈魂的禮物。儘管包裝紙可能不是我們喜歡或期待的樣式，但內容卻是爲每個人量身設計。宇宙是完美的，它的時機也是完美的。靈魂在追尋瞭解和自我進步的過程當中，會經歷到生命中最常見且極富挑戰性的情緒課題。

我很想知道我可以從那個夢境裡學到什麼，卻因想不透而越想越挫折。同時，我又必須爲電台節目做好準備，只有等到晚上了。我要到時才能知道有沒有可能做完我的夢，並且得到問題的答案。電話鈴響再度打斷我的思緒。節目即將開始。

都是我的錯

「今天的節目請來了我們最喜歡的來賓之一——世界知名的靈媒詹姆斯．范普拉。嗨，詹姆斯，歡迎再度參加本節目。」羅娜說道。她是美國最受歡迎的電台節目之一的晨間主持人，過去這些年間，我已多次擔任她的來賓。

一如慣例地，在電台節目傳遞訊息前，我先用了點時間集中能量。我垂眼看著本子，凝神專注在訊息接收，準備聆聽、感覺或是看到可能出現在來電者周圍的靈魂。

「今天在線上的人是泰瑞莎。和詹姆斯打個招呼吧，泰瑞莎。」

「嗨，詹姆斯。」泰瑞莎回答。

一聽到電話另一端來電者的聲音，我就鎖定在她的聲音上，看看她的周遭有沒有什麼能量。忽然，我聽到一個音調很高的聲音，同時接收到一個印象。在我的心靈之眼，我看到一位年輕男子站在她的左肩旁，我本能地知道對方是她的弟弟。

「早安，泰瑞莎。」我說：「你弟弟是不是在二十二歲左右時過世了？」

「對。」她說。

她的弟弟投射了一幕景象到我的意識，我看到人類的血管，裡面不只有血在奔流，還有黑色的物質。接著我看到有一排針孔的手臂。這位年輕人在流淚。

「你弟弟給我一個他是被毒品害死的印象。對嗎？」

我聽到泰瑞莎嘆了口氣。這個確認令她震驚，彷彿她再度體驗到弟弟死亡的巨慟。她開始哭泣。

「呼吸。」我對她說。

過了一會兒，她輕聲說道：「好。」

接著，這個靈魂讓我知道他的名字……馬克。

「馬克跟我說他很抱歉。他原本並沒有打算要這樣子離開人世。」

泰瑞莎又哭了起來，然後突然變得沉默。

羅娜很快切入。「泰瑞莎，你還在線上嗎？」

過了幾秒，泰瑞莎突然嚎啕大哭。「都是我的錯。我應該制止他的。都是因爲我他才會死。我想阻止他，但沒有做到。」

這時馬克傳來要她停止爲此事自責的訊息。

我對泰瑞莎說：「那是他的選擇。和你無關。他愛你。」在我傳達訊息的時候，她不停地在哭泣。

然後，她回答：「他那晚有打電話給我。我知道是他打來的，但我沒辦法接。我知道他大概正在亢奮，我眞的沒辦法再面對了。」

「羅傑是誰？」我問。

提到羅傑讓泰瑞莎再度大哭。「噢，天哪。我無法相信！告訴他我好抱歉。拜託你。」

「馬克可以聽到你的想法，泰瑞莎。你可以直接告訴他你有多麼抱歉。」

羅娜插入我們的對話。「你認識名叫羅傑的人嗎？泰瑞莎？」

「是的，是的，我認識。羅傑是我以前的男友。是我介紹他和我弟認識的。我那時不曉得羅傑在賣古柯鹼。」

可憐的泰瑞莎不斷啜泣。羅娜和我連聲安慰，跟她說一切都沒事的。

泰瑞莎持續痛哭。「如果我沒有介紹他們認識，我弟今天還會活著。羅傑賣給我弟的毒品要了他的命。」

我立刻對泰瑞莎說：「你弟弟要你知道，你沒有做錯什麼。他必須自己去經歷。如果你想替他做點什麼，請原諒你自己。他不喜歡看到你這麼痛苦。」

泰瑞莎說：「你可以問他那晚爲什麼打電話找我嗎？我一直想知道這事。我應該要接電話的。」

我對馬克傳送想法，問他爲何要打那通電話。他給我看放在床上的照片。

「他提到鞋盒裡的照片。你明白他說什麼嗎？」

「明白。」她回答。

「他現在說的聽起來像是『票樣』或是『票娘』，不，比較像是『漂亮』。我不確定這是什麼意思。」

泰瑞莎的反應是恍然大悟。「噢，天啊。我是大姊，所以要照顧他。他在學說話的時候，常常抬起頭來看我，說我好漂『釀』。他無法正確唸出『亮』。他會說：『我愛你，漂釀美女。』」

從泰瑞莎的聲音，聽得出她比較寬心，已經放鬆下來。

羅娜說：「謝謝你，泰瑞莎。我們現在必須接下一通電話了。」

「等等！我可以告訴你們一件事嗎？」泰瑞莎問。

「請說。」

「就是你剛剛提到的照片。馬克確實會把照片放在鞋盒裡。他在他市中心的房間被人發現時，地板上都是我們小時候的照片。」

我打斷泰瑞莎的話，把她弟弟在當下說的話轉告給她：我愛你，漂亮美女。

因爲電台節目的時間有限，我很難給予來電者充分的協助。電話上寥寥幾分鐘，不可能化解得了泰瑞莎對弟弟所懷有的罪惡感。通常我，或是電台的某人，會協助來電者與地方上的心理治療師聯絡。

這通電話結束之後，我們休息了一會兒。我問電台經理，我能否私下和泰瑞莎談談。

「她弟弟眞的需要跟她說清楚，他懇求我和她多談一些。」

「當然可以。」電台經理說，接著便把泰瑞莎的電話號碼給我。

下了節目後，我打電話給泰瑞莎。她還在哭。

「能和弟弟說上話，沒有讓你感覺好點嗎？」我問。

「有……可是我沒在他需要我的時候陪在他身邊，還是覺得很過意不去。」

「那是你必須處理的事，你要原諒自己。你可以先試著抽離，從一個較大的觀點來看這個情況開始。」

接著馬克開始傳遞訊息，並把對話帶往相當出人意料的方向。

告訴我姊，我回到人世是要體驗我的生命課題。

「什麼課題？」我問馬克。

馬克繼續。身爲一個靈魂，我必須學習不讓物質阻礙我面對和處理日常生活的經驗。我有過幾段濫用酒精和毒品的前世，其中兩世都是濫用致死。這次我回來，就是要看看自己能否克服常有的成癮性格。這是我來這世的目的。這是個考驗，看看我是否已經成長。

我把這個訊息傳達給泰瑞莎。

「你在開玩笑嗎？」她問，聲音像是凝結住了。

「不是。這是他現在在說的。」

馬克進一步說明。成癮是很難的課題。亢奮的時候，我不必當個負責任的人。這是逃避生命壓力，不願面對選擇的省事方法。我猜想我不夠堅強，或是不夠相信自己能夠擊敗毒癮，但我試過了。我們確實會隨著每一次的輪迴進步。我必須重來一次，不過我已承諾自己，我一定會克服的。對了，謝謝你所有的禱告。

馬克深刻的洞見令我和泰瑞莎敬佩。

泰瑞莎問：「他現在在哪裡？」

「他說他在一個反思的地方，那裡像是醫院，但不是醫院。身爲靈魂，他很清楚自己，也想幫助你和其他人瞭解爲何他會有毒癮問題。他說：人們可以從不同的觀點去看待毒癮，或許對有毒癮的人展現多一點的悲憫。他說，你不應該爲了他的毒癮感到罪惡。」

「謝謝你，詹姆斯。」

「他還想告訴你一件事。他說，人們應該在活著的時候儘可能擺脫並療癒成癮問題。不要把那樣的記憶和渴望帶到死後。那會汙染心靈。」

我以前便聽過其他靈魂這麼說，而這個事實的重要性令我不得不再三強調：當我們往生的時候，我們會帶著渴望一起離世。然而，在我們還具有人類形體時，釋除身體、心智與情感的沉溺會比在靈魂狀態容易些。因爲耽溺是人類天性的一部分，而以人類形態來打破人類的習性會更有效益。

泰瑞莎感到寬慰。「我的夢實現了。我和弟弟說到話，感覺也好多了。」

我掛上電話。我的這天有了美好的開始。

這次的通靈是我爲什麼**熱愛**做個靈媒的原因。通靈是物質／實體層次與靈魂層次之間的強大和具療癒效果的互動。當一個人有機會與所愛的人溝通，他／她就能開始從新的觀點看待事情。泰瑞莎原本終其一生都會爲了莫須有的罪惡感自責。然而，她有幸見證靈魂更廣闊的旅程以及她弟弟所選擇經驗的課題。在知道這些以後，泰瑞莎對成癮問題有了新的洞見，也加速了自己的療癒。她並且能把生命中認識的人看作是在學習各自課題的靈魂。

所有類型的罪惡感，包括自己給自己的愧疚，皆具有摧毀我們的力量。因爲罪惡感的關係，我們覺得某個情況的結果完全是自己的錯。我在工作時每天都會看到這種情況。親密家屬的死亡往往導致我們與罪惡感的纏鬥。「我應該要待在醫院，叫護士過來。」「我應該讓維生系統繼續，他可能會從昏迷中醒來。」在泰瑞莎的案例則是：「我應該接起電話，救他一命。」

人類的罪惡感是與生俱來的。我相信罪惡感是一種因應機制，雖然有瑕疵，但它的目的是讓我們知道自己做錯了事。每個人似乎都會有罪惡感，然而我們卻不曉得要拿它怎麼辦。我們通常是把它壓下來，學著跟它共存。我們能夠看到別人的罪惡感有何不合理的地方，因此原諒他人的錯誤比原諒自己的錯誤要容易得多。而爲了某種不合邏輯的原因，我們對自己的標準比對別人來得高。只要明白罪惡感除了讓我們感覺糟糕之外，它不會改變任何事，或許我們就能開始學著將它放下。

爲什麼是他們不是我？

倖存者罪惡感是另一種常見的現象。這是別人在某個大災難或災害中死去，自己卻活下來的人常會有的罪惡感。這些倖存者覺得，因爲其他人的犧牲，自己才能這麼幸運。許多人會這麼想：我當時應該可以做點什麼來救別人。大災難的倖存者常常會陷入憂鬱、哀傷和麻木，他們對人生失去興趣，覺得自己沒有活下來的價值。

幾年前，我在紐約帶領一個工作坊，一個很有幽默感的靈魂出現，他的藍眸中閃著光彩。我立刻感應到這個靈魂和一群人在森林小木屋裡的印象。他們全都拿著小杯子在喝龍舌蘭酒，開心地玩鬧。

「這裡有人知道這個情境嗎？」我問群眾。

有時候，靈魂不一定知道要如何引導我從群眾中找到他們想要傳達訊息的對象。我掃視觀眾，看看能否感覺到任何連結。有了。在室內的左後方。接著我又得到一個非常清楚的畫面。一顆大紅蘋果從樹上掉落到湖裡，濺起很大的水花。我與觀眾分享這個影像。

「有誰和這個畫面有關嗎？」

一片沉默。

我知道每當接收到這類明顯畫面時，靈魂一定是有很重要的訊息要傳達給某人。每次我都會等待靈魂給我更多的資料，這次也不例外。

「我現在看到一條釣魚線。」我對觀眾說。終於，室內左後方出現了含糊的話語聲。一個穿著藍白格紋襯衫，有著一頭灰白頭髮的男人半舉著手。

「你知道這個畫面？」

「對。」聲音小到幾乎聽不見。

「請大聲點，這樣我們大家都能聽到。」我說。

「對，我想我知道這個畫面。我以前常和我的好兄弟們到紐約上州的蘋果湖釣魚。我們會租一間小木屋。會是指這個嗎？」

我露出意會的微笑。「你認識塔克嗎？」我問：「塔克是個高大的男子，蓄著八字鬍，有點肚子。」

坐在後頭的這個男人知道我在說誰。他眼神往下看著地板，點點頭。這個訊息顯然令他不安。

「塔克是誰？」

「我的好朋友……吉米．塔克。」

「他想和你打招呼。不過他不是唯一的一個。這裡有好幾個人。」

聽到這句話，這個可憐的男人把臉埋在手裡，開始像個小嬰兒般哭泣。

坐在他左邊的女子用手臂環抱住他，輕撫著他，小聲說道：「沒事的。」男子試圖說話，卻反而泣不成聲。

「你說什麼？」

他用濃郁的紐約口音回答：「我應該和他們一起在那兒的。我可以救得了他們。我應該和我的好夥伴們一起。我不配活著。」

室內一片靜寂。沒有人知道要怎麼反應。

景象變得相當清晰。四個男人站在格紋襯衫男子的身後。我感覺到他們就像是一個大家庭。

「麥克或是麥基是誰？」

男人擦拭淚水。「我。」

旁邊的女子扶他站起來，好讓他能和我說話。遞送麥克風的人也扶了他一把，並把麥克風放到他面前，方便大家聽到他說的話。

「有四個男人站在你身後，他們都在哈哈大笑。其中一個人說：讓麥基自己拿麥克風！」

聽到這裡，麥克破涕爲笑。

「對，他們以前常這樣戲弄我。我是個頭最小的一個，所以他們叫我麥基。你可以跟他們說我很抱歉嗎？我好對不起他們。」麥克又開始哭泣。「我晚上都睡不著，常做可怕的噩夢。我不知道爲什麼我還在人世。我不想活著。」

室內再度陷入靜默。

其中一個靈魂把一條無形的毯子蓋在麥基的肩上。

「現在有個靈魂幫你加了條紅色的毯子，上面有號碼。」

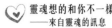

麥克身旁的女子含糊地說了和毯子有關的事。我想她是麥克的太太。

「嗯，我知道。」麥克對她說。

他轉向我。「我坐在院子時都會帶著這條紅色毛毯。」

「他們每個都給我看他們的徽章。他們是警察，對嗎？我看到十四這個數字。那是你們的轄區嗎？」

「對，我們的轄區。第十四區。毯子就是那裡來的，上面有數字十四。那是我唯一保存的東西。」

我看著這群人拍拍麥克的背，同時聽到另一個名字。

「喬伊．馬龍是誰？」

麥克笑出聲來。「我的夥伴。他也在這裡嗎？」

「他叫你幫他向席拉和寶寶打聲招呼。他說他很好。」

「那是他的太太和小孩。我會告訴他們。」

「他們在給我看你凝視一塊匾額的畫面。」

「我上週才到市中心去看那塊匾額。那時我就覺得他們也在那裡。」麥克的聲音突然停了。

「他們現在給我看那塊匾額。」

我吸了口氣。「是在世貿中心嗎？」

「對，沒錯。」麥克輕聲說。

觀眾們倒抽一口氣。

我看到匾額旁有個星巴克的杯子，於是問：「你在那裡的時候咖啡有從杯子溢出來嗎？」

麥克不敢置信地低下頭來。「噢，天哪，天哪。是的，我打翻了。眞怪。我把杯子放回到架上好幾次，但它一直要掉下來。」

「喬伊說那是他做的。他在跟你搗蛋。他說你那時就知道是他。」

「他媽……靠！」麥克一手放到嘴上。「對不起。是啊，我知道是他。他老做這種事。」

他轉向他太太。「還記得吧？我不是跟你說嘛！」

她點點頭。

「這眞是令人難以置信！」麥克驚呼，然後又哀傷地說：「我想知道爲什麼我還活著。我不想活著。」

「你必須活著。」我毫不遲疑地說。

然後那些男子給了我一個訊息。「你剛加入警局時，是不是救了一個小男孩的命？」

「我想想。對，我想起來了。那是在一間廉價公寓。幸好我及時趕到，不然那個小孩就沒命了。他爸爸一直踢他，差點把他踢死。」

「爲什麼你不去想想那件事？」

「我不知道……就是從來沒有想過。那已經是很久以前的事了。」

「嗯，但他們想讓你知道。對這些人來說，你救了那個孩子的命。如果是要在那個男孩和他們之間選擇救誰，他們會要你救那個男孩。」

麥克看著我。「我不明白。這兩件事有什麼關聯？」

我幾乎跟不上飛送進我心中的思緒，不得不一口氣快快說出。

「你將會有別的機會拯救性命。你活著是因爲你仍有工作要做。那是你的靈魂的計畫。你需要到某個地方救兩個女人。她們是醫生，日後會完成偉大的事。所以，你看，你永遠不知道爲什麼有些事發生。世事有個更高的秩序，雖然我們沒有意識到。」

麥克看起來很震驚，很多觀眾也是。連我都覺得有些茫然。

「謝謝你。」麥克說。他似乎因爲這個預言而一下子長高了兩呎。「我希望眞是如此。請告訴他們，我懂。」

我轉向觀眾。「我們永遠不知道轉角有什麼在等著我們，或是有什麼可以影響或幫助別人的機會。」

我向麥克保證，他的好兄弟們聽到他說的每一個字。「他們也知道你的每個想法。」我將他們的動作描述給麥克知道。「他們往你的頭淋下一大杯啤酒。」

麥克大笑。「太不可思議了。上次我們全員到齊的時候是打壘球，我們贏了，所以到酒吧慶祝，接下來他們就對我的頭倒了一大杯啤酒。這眞是難以置信！嘿，你能再跟他們說一件事嗎？」

「當然。」

「跟他們說我愛他們。他們是最好的人。還有告訴喬伊，要他滾出我的夢，好嗎？」

觀眾哄堂大笑。

麥克的療癒之路就此展開。

這是人們會如何用罪惡感懲罰自己的另一個例子。在這個例子中，麥克看不到自己做過的好事，只想著自己沒做到的事。

所以，罪惡感的功能到底是什麼?它又給了我們什麼動力?佛洛依德認爲，罪惡感能有效地規範社會行爲。人若是沒有罪惡感，就不會那麼擔心傷到他人的感受或破壞別人的所有物。換句話說，罪惡感驅使我們表現出良好的行爲，否則每個人都會違法。另一個理論則和懲罰有關。我們必須懲罰有罪的人，並且療癒他們對社會造成的傷害。這些理論都沒有錯，不幸的是，沒有做錯事的無辜者常常也在懲罰自己。

罪惡感還有第三種型態：由一個人強加在另一個人身上的罪惡感。我不時會見到這種情況。大多數的時候，我處理的都是生者對自己對待往生者的方式懷有愧疚，或是責怪自己在死者生前付出得不夠。然而，靈魂偶爾也會表達他們活著時曾把渴望和需求強加在別人身上，並爲此感到歉疚。這些靈魂若要前進到天堂般的更崇高世界，需要先向他們仍在世的摯愛親友道歉。

你這個笨蛋

我每個月都會在南加州舉辦靈性交流的活動，以下便是在成員們面前進行的通靈。一如每回的現場示範，我無法預知會發生什麼事，我的驚訝就跟觀眾一樣。我也跟學生說過，有些靈魂較善於操控能量領域，可以與活著的人互動，有些靈魂對傳達訊息則有較強烈的渴望和意圖。

「有位女士站在側邊一位男士的後面。她不肯安靜，她非常強勢地要求現在就讓她說話。」

當我指向七十三歲的布萊恩．派特森，他靠回了椅背。我知道這位老人家對自己成爲目標感到難爲情。

「先生，我可以過來找你嗎？」

「我只是來旁觀的。」他說。

我猜布萊恩來這裡純粹是出於好奇，他沒料到自己也會收到訊息。

「有個穿著紅色毛衣的女人站在你身後，她的手交抱胸前，非常堅持要我帶著她的訊息來找你。」

「噢，天啊，她要幹嘛？」

觀眾傳出一些咯咯笑聲。

「她在說維吉尼亞，不是人名，是地名。你曾住在那裡嗎？」

「沒有。」

「她說你以前住過。她罵你笨。她不斷在說，你這個笨蛋！」

「噢，她老是這樣。那是她給我的暱稱。」布萊恩微笑道，但其他人的表情卻不太自在。

「好，我想想……」他看著他左邊的女子，她用困惑的表情回看著他。

「對，我們確實住過維吉尼亞。她父親過世前，我們曾搬到里奇蒙和他同住。」

這位易怒的女性靈魂接著直接來到我面前，瞪著我的臉。她迫不及待要傳達訊息。我在心裡向她保證我會的，同時也跟她說，如果要我幫忙，她必須後退。

「這個女人說，她是你的太太茉莉。這是你的第二段婚姻嗎？」

「對，我結過兩次婚。她是我的第二任太太。」布萊恩想了一下。「嗯，她是我的第二任老婆，我是她的第三任老公。」

「她談到瑪莉。茉莉不停地在說瑪莉。她說她不喜歡瑪莉。」

「她又不是很認識瑪莉。」布萊恩說。

「她說，瑪莉很礙事。現在她給我看佛羅里達。」

茉莉的態度更強硬了。

「她要我確定你瞭解她說的話。你瞭解嗎？」

「噢，是的，我瞭解。」

布萊恩是個很和藹的男人，像是那種連蒼蠅都不會傷害的人。

「先生，如果你容我大膽的說，」我說，「我覺得你和茉莉不平等。」

「很多人都這麼說過。」

「她和瑪莉是怎麼回事？」我問。「她說她對瑪莉所做的某事跟搬到佛羅里達有關。」

布萊恩試著解釋。「我是在和瑪莉離婚前遇到茉莉的。」

觀眾中有許多人點了點頭。我們懂了。茉莉是第三者。

布萊恩又說：「茉莉和我一起工作，我們常見到對方。茉莉愛上了我，她會跟我說瑪莉有多糟糕，還說瑪莉對我說謊。」

「你認爲瑪莉對你說過謊嗎？」我問。我已經知道這次的通靈會朝哪個方向前進。

布萊恩看著地板。「噢，嗯，沒有。我認爲瑪莉沒有對我說過謊。我知道她沒有。可是茉莉不喜歡她。」

茉莉突然談起三個小孩。「你有三個小孩？茉莉說你有。」

「對，我和瑪莉有三個小孩。但我離開了他們，和茉莉一起搬到佛羅里達住。茉莉不喜歡孩子。」

觀眾低聲嘀咕。茉莉顯然破壞了一個美好的家庭。

「我懂了。」我看著面前這個靈魂，明白她的行爲對許多人的人生造成了影響。茉莉一定也意識到她爲了一己之私而影響到一個家庭。她在我面前哭泣，看似頤指氣使的性格開始動搖。我突然同情起這個女人。

「茉莉給我一個她是個悍婦的印象。她自覺高你一等，你則對她卑躬屈膝。她告訴我，以前你什麼都替她做，只要是她要求的事你都會去做。噢，天啊，她告訴我，以前都是你在洗衣服、買東西、煮飯和打掃，她則在床上看電視和雜誌。是這樣嗎？」

布萊恩很不好意思。「我讓她丟臉了嗎？我盡全力對她付出。我愛她，什麼都願意爲她做。」

室內所有的人都很震驚，包括我在內。布萊恩的回答不是我們意料中的反應。

但今晚最令人驚訝的事還不僅於此。

「茉莉今晚之所以會來這裡，不只是因爲你。」我對布萊恩說。我開始接收到來自這個靈魂排山倒海的悲痛。

「布萊恩，茉莉今晚來這裡是要讓你知道她很愧疚。她對她做的事感到非常抱歉。」

「眞的嗎？她從來、從來沒有跟我說過她很抱歉。你確定那是她的意思？」他問。

「對，我確定。」

茉莉開始飛速地把她的感受、想法和影像傳送給我。那些都是她和布萊恩在一起時，她沒對布萊恩表露的事。

「她對她生前待你的方式感到十分歉疚。她跟我說，她那時看不到自己在對你做什麼。她在離開人世以前，始終沒有花時間去瞭解你對她的極大仁慈。茉莉告訴我，她早該知道你是她這世的老師。你之所以會被帶入她的生命，是爲了讓她瞭解一個人能如何無條件地、沒有限制地去愛。不論她怎麼對你，你都愛她。她很抱歉她向你撒了謊，她對毀了你的生活和你跟孩子們的關係也感到非常罪惡。」

布萊恩的淚水滑落臉龐。「內心深處，我知道眞相，但我為茉莉感到遺憾。我想要她體驗到愛。」

「你最近是否受邀參加家庭聚會？」我問。

布萊恩回答：「對。你怎麼會知道？我下週要去見我的三個孩子。我已經很久沒見到他們了。」

「茉莉很抱歉她對你說了瑪莉的壞話。她覺得是她強迫你跟瑪莉離婚。在某種程度上，你是她的安全毯。她告訴我，瑪莉從來沒說謊。茉莉對自己的謊言懷有很大的罪惡感，也為此感到羞愧。她請你對瑪莉傳達她最深的歉意。」

布萊恩回答：「她可以自己告訴瑪莉。瑪莉就坐在這裡。」

他轉向旁邊那位白髮婦女，整個通靈期間，他都緊握著她的手。

現場的人全都倒抽一口氣。他們的身子往前挪到椅子的邊邊，期待聽到瑪莉這一方的故事。

瑪莉開口說道：「我懂。請告訴她，她不用再感到罪惡了。事實上，是茉莉讓布萊恩和我變得更親近。我們因為她而更加瞭解對方。由於過去發生的事，我們現在變得很能和對方分享。我們的小孩也教了我們好多事。對於人生到老還能跟對方在一起，我們的心裡充滿了感謝。」

聽到瑪莉寬容的言詞，茉莉嚴厲的面容變了。我可以看到她變得年輕和柔和，我知道她終於能自由地往前邁進。她向我道謝，我也讓她知道我接收到她的謝意。

全場的觀眾都起立為布萊恩和瑪莉鼓掌。

所以，認出罪惡感並知道它的目的的第一步要怎麼做呢？看看你的生活並問問自己：是什麼讓我有罪惡感？是與某個人的關係嗎？或許你花較多的時間在工作而非家庭上。罪惡感可能意味著你的某些行為需要改變，如果你選擇忽略問題，你可能會承受一些後果。但如果你聆聽自己的感受，你可能就會做出行為上的改變，讓自己變得更好。在這個情況下，罪惡感其實是有助益的。

一旦你意識到自己需要改變行為，道歉是很好的第一步。不過道歉還算容易，下一步——確實採取行動並改變行為——才是較難的部分。我們都想學到課題，不想重蹈覆轍。也唯有認知到問題並且處理它，我們才能好好生活下去。我們可以彌補、學習，然後繼續人生，無須對問題念念不忘。

對我們無力改變的事懷有罪惡感則是另一回事。不論是在人世還是死後的世界，罪惡感都能牢牢抓著我們不放，它讓我們的靈魂感到沉重，使得我們無法前進。當我們因為對事情無法掌控，所以沒法改變它的時候，我們必須放下自責。要不然，罪惡感很快會變成懊悔和自憐。唯一的解決之道是透過接納，還有瑪莉所展現的，寬恕。

第二章　懊悔

我寧可展望前景和夢想，也不要回首往事悔不當初。

——無名氏

懊悔就像罪惡感，它會把我們的注意力都放在過去。你有沒有在看著鏡子時，對著自己這麼想：我在這裡幹嘛？這眞的是我的人生嗎？如果當初沒有搬離家，現在會是怎樣？要是告訴那人我對她眞正的想法會是如何？爲什麼我對別人怎麼看我那麼害怕？如果我搬到另一個城市，生活會變得比較好嗎？如果我沒有離婚，現在會不會比較快樂？假使離婚，我會比較開心嗎？

與罪惡感如出一轍，懊悔也是人類的體驗之一。英文中的「懊悔」（regret）是源自於中世紀英語的regreet，意思是「哀痛」或是「感到遺憾」，而這個字又是從古英語的graetan而來，意思是「哭泣」。懊悔可以提供我們美好的學習機會，也能變成自尊殺手，使我們在面對未來的機會時裹足不前。當我們在心中一遍又一遍推翻過去的決定，就會創造出腐蝕當下人生的懊悔。

每個人生命中總有一刻會帶著懊悔去看自己的存在。「如果我沒有辭掉那個工作，現在早就升到副總裁了。」「如果我是爲了愛而非金錢結婚，我一定會過得比較快樂。」隨著年歲的增長，我們在評估過去的選擇時也有了更寬廣的觀點，這也包括檢視自己的錯誤所造成的後果。結果是，我們大多對錯失的機會懷有很深、很深的嚮往。

懊悔從何而來？我第一個想法是它源自於失去的經驗。我們以後見之明，看到自己錯過了一個從事某件美好或有意義的事情的機會。懊悔也可能和我們否決自己的夢想有關。好比你原本想當個芭蕾舞者，但負擔不起多年的舞蹈課學費。或是你想在大聯盟打球，偏偏球都打不遠。你可能可以做些什麼來改善自己的資源和能力，可是時間和生活的境遇讓你與夢想漸行漸遠。

另一種懊悔困擾著害怕冒險的人。或許他們的自尊偏低，所以不相信自己。也或許他們害怕責任，特別是要做決定或是付出成功所需的努力。這些人後來可能會懊悔自己盡挑好走的路，從不考驗自己或自己的能力。他們可能會陷入自憐、憎恨、憤怒和憂鬱的情緒當中，在許多案例裡，他們最後成了充滿怨恨且憤世嫉俗的人。

還有一種是當我們回想自己對待別人時會有的懊悔。「女兒成長的時候，我其實不必那麼常對她大吼大叫。」「鄰居生病時，我應該多幫點忙才對。」「眞希望我在侄子酗酒時，有多關心他一些。」

大多數的懊悔都和家庭有關。我的工作常常涉及修補家人之間的關係。一次的口角轉變成長期的心結，只因爲沒有人肯退讓，沒有人肯說聲「我很抱歉」，親人關係就這麼毀了。兩個家人之間的心結對其他家人也可能造成有害的效應。卡在不和的兄妹或是母子間不是件有趣的事。此外，假期時往往令人尷尬又悲傷。你要邀請誰來共進感恩節晚餐呢？聖誕節或是猶太教的光明節時，你要去探望誰呢？當家人無法解決歧異時，他們對彼此只剩下不信賴、不尊重和孤立。我曾替靈魂傳達數以千計的訊息給他們所愛的家人，幾乎有歧見的雙方都感到後悔，後悔狹隘的心胸和固執害得他們失去與家人相聚的時光。

好消息是，我們可以做點什麼來擺脫悔恨，讓我們的人生變得更好。首先，我們必須知道，對於過去，我們已經無能爲力。過去已經過去，我們無法回到從前。每個人都只能活在當下。此刻就是衡量我們現有的情況，重新評估自己的價値觀和目標的好時機。現在就開始做出能讓夢想的生活成眞的決定吧。

聖經這麼說的

珍妮・豪斯泰德是位年輕美麗的女子，也是美國妻子與母親完美形象的代表。她在南卡羅來納州的一座小城長大，深以家族上百年的傳承爲豪。她是個很有魅力的女性，不僅有很得體的言行舉止，還有一頭吸引人的金髮和一雙藍眼，要說她是《婦女家庭雜誌》（Ladies Home Journal）的封面女郎也很有說服力。她曾是高中年度校友會所選出的最出色女校友，擁有無可挑剔的時尚感。常常有陌生人問她的衣服是在哪裡買的，就連她的頭髮都梳理得與她迷人的臉龐相襯，渾身上下沒有一處不協調。珍妮一向認爲給人一個好印象很重要，畢竟這是大多數人評斷你的方式。她白天的時候在家裡自教她的兩個兒子道格和巴比，而且從不錯過週日的禮拜。從所有外在的條件來看，珍妮過著十分理想的生活，只是這一切很快就要崩塌。

往後快轉十六年，來看看珍妮和她家人的現況。以下的通靈明確告訴我們，固執和懊悔是如何製造出心裡的巨痛。

我看向一個約莫五十多歲的女子。她坐在我左手邊第六排的走道座位上。那個晚上，已有好幾個靈魂對她那一排的人傳達訊息，而我每次說話，都注意到同排最後一個女子的背後，站著一個長得很帥的年輕男性的靈魂。他沒有傳達任何訊息，只是一個勁地盯著我瞧，似乎對我能否察覺他的存在感到好奇。

終於，我覺得自己該和這個靈魂談談。我看著走道的那位中年婦女，問她：「你認識一個在二十六歲左右過世的金髮男子嗎？」

「不，我想沒有。」她回答。

聽到答覆，年輕男子感謝我認知到他的存在。我感應到他的興奮，也知道他不想錯過這個傳達他想說很久的話的機會。他開始傳送思緒給我。

「你認得珍或是珍妮嗎？是這個男子告訴我的。他也提到航海，還有包伯或羅伯的名字。」

「噢，天啊，對，航海。那是我的外甥羅伯，小名巴比，是我的姊妹珍妮的兒子。他在這裡嗎？噢，天啊。我很抱歉，巴比。」中年婦女崩潰哭泣。

「你認識一位名叫克莉絲或克莉絲汀的人嗎？」

「是，我就是克莉絲汀。」

「你夢過巴比，對嗎？」我問。

「對，但比較像是惡夢。我早該……」

「他跟我說，他死的時候你並不在場。他說你回到東部，沒有及時趕到醫院。」

克莉絲汀對於我點出只有很少人知道的事實驚訝不已。她朝下看著自己的腿，用手覆蓋住雙眼。

「他想要你知道，他死的時候不是一個人。他說你很擔心這一點。」

女人突然抬起頭來看我。「他不是嗎？噢，感謝上帝。我很抱歉我當時不在你身邊，巴比。」

「你認識他媽媽嗎？」我問。

「當然，她是我的妹妹。巴比現在有說什麼嗎？」

巴比突然給我一個很強的感受。「我感覺巴比的媽媽不會喜歡我現在在做的事。她不認可這類型的溝通。這有違她的信仰。是嗎？」

「對，他說得沒錯。她是個很虔誠的人。」

「他要我幫他傳遞訊息給他母親。他說他完全原諒她，她不需要再緊抓著懊悔不放。她已從後悔學到很多事，現在她需要放下了。他很以母親為榮，說她是很聰明的人，不應該跟隨充滿恐懼且侷限的信仰。」

「我會跟她說。」

有趣的是，巴比接下來竟然給我看聖經。

「你對聖經熟不熟？特別是利未記十八章二十二節？」我問。

「我很熟，很不幸，那是珍妮用來反對巴比是同性戀最主要的一節。珍妮是個離開後又回歸信仰的基督徒。她相信巴比活在罪惡裡。因爲她嚴格的信仰，她認定巴比違反了神的旨意。」

克莉絲汀又說：「她試著改變巴比的信念，還幫他驅魔，你說得出來的她都做過。她什麼都試了，但巴比仍是巴比。他無法改變自己。而他明明是個那麼棒的孩子。不幸的是，有人發現他和他的高中排球教練發生關係。珍妮完美的世界就在那時崩塌了。她跟巴比說，如果他持續過那種罪惡的生活型態，她會斷絕母子關係。巴比沒有改變，於是珍妮和兒子便形同陌路。」

我無法相信自己聽到的話。「這是多久以前的事？」

「大約十六年前。」克莉絲汀回答。「在那之後，她就變得很瘋狂，每當城裡有哪個地方舉辦同性戀活動，她都會和她的教會一起遊行抗議。後來，巴比病了，然後就過世了。」

「巴比跟我說，他過世後，他的媽媽開始瞭解了。」

「對，他死了之後，珍妮開始檢視自己的信仰。她鑽研聖經，和許多不同的學者一起研究，很快便意識到她以前知道的都是錯誤的資料。」

克莉絲汀繼續。「珍妮研究得越多，越覺得她被自己的信仰所背叛。她意識到她的兒子不是罪人，只因爲她的教會認爲巴比有罪，她也認爲自己的兒子有罪。從那之後，珍妮就滿心懊悔。她想要彌補兒子，爲他做點什麼來懷念他。」

「她做了什麼？」我問。

「珍妮現在是爲愛滋奔走的行動人士，到全美各地教導愛而非仇恨。」

「她仍去同一間基督教會嗎？」

「噢，不了。她現在去新的教會，他們接受同性戀者。她說他們教導的是愛，不是批判。她說她覺得自己比以前更接近神。」

巴比流下愛的淚水。他還有一個訊息要傳達。「他在說，告訴我媽我愛她。」

就像珍妮，我們常常還沒機會和所愛的人道別，或是修補碎裂的感情，就已失去他們，並因此懊悔不已。但我們的餘生如果都困在「如果怎樣，會不會怎樣」那種不會有答案的問題裡，只會是令人難過的事。

如同我先前所說的，如果不用正面的態度去面對懊悔，它可能會毀了你一生。世界各地都有人寫信給我，在那許許多多的信中，許多人向我表達他們活在悔恨裡，過著痛苦的日子。他們或多或少有試著去正常地生活，但是，直到他們以健康且具建設性的方式來處理懊悔之前，他們也只是在掩飾痛苦罷了。

重要的是，每個人都要瞭解，帶著悔恨輪迴所衍生的後果。我們必須將自己從這種情緒障礙中解脫，現在就療癒自己。若不趁著尚在人世的時候處理懊悔的情緒，它們會變成靈魂心態的一部分，到了另一個世界仍困擾著我們，縈繞不去。

由於靈魂處於一個非常心靈的世界，所有的感受和思緒都會被增強，任何帶走的殘留情緒都會被放大。生前的言行舉止到了靈界變得更強化。我常說，每個人都會知道你到底是什麼樣的人。在靈界，你的思想和情感無所遁形。你與眾不同的性格和人格特質公開在所有靈魂面前，心思和情緒全都是赤裸裸的。若能瞭解這一點，或許你會在活著的時候，重新評估自己堅持不肯改變的立場，並且用新的觀點做出選擇。因爲，當你死後，不幸地，你並無法擺脫你在人世時所不願面對的問題。因此我最大的忠告是，現在就調解你與他人的歧異。

只要想像一下，靈魂在一個被強化的實相狀態下，感受到他們人世的悔恨是件多可怕的事。我常聽到靈魂悲嘆，假如活著的時候就知道會這樣，我一定會有不同的做法。靈魂常常表達出遠比遺憾還多的感受，他們懇求還在世者的原諒與慈悲，好讓他們放下情緒的包袱，朝下一個階段的進化邁進。

因此之故，我相信你，也就是本書的讀者，你會從其他人的傷心、痛苦和懊悔中學習，並將這份瞭解應用到自己的人生。你不需要在離開人世後爲了未竟之事而苦。你可以釋放自己，讓自己自由。

以下的通靈就屬於我前面提過的痛苦類型。靈魂對在世時對他人所做的事感到歉疚萬分。他和許多人一樣，直到事已太遲，才意識到自己的作爲毀了許多人的人生。

沙凡那儲蓄投資

一個夏日晚上，我在美國東南部進行現場通靈示範。那是一個大團體，其中有百分之四十是男性，百分之六十是女性；這是個逐年改變，已與過去大不相同的比例。在我最初進行公開工作坊的時候，高達百分之八十的參與者都是女性，其餘百分之二十通常是被太太們拖著來的男士。時代眞的變了。

那晚，就在我準備讓大家休息一下時，一個身著灰色西裝的靈魂不斷指著觀眾中的一位女性。他告訴我，他的名字是厄爾。

「不好意思，女士。」我對那個看上去大約七十五歲的婦女說：「你認得一位叫厄爾的人嗎？」

老婦人盯著我瞧，專注地聆聽我說的每個字。

「不認得，我認識的人中沒有人叫這個名字。」

「他在談沙凡那儲蓄投資。」我說。

老婦人的態度頓時一百八十度大轉變。「噢，那個混帳？我看到他死掉的消息。喔，我希望他在地獄裡受苦受難！」

觀眾都被這個女士冷酷無情的評語嚇到了。我可以聽到現場一些不滿的聲音。坐在老婦人右邊的男子對她耳語了些什麼。

我看著現場的情況，厄爾則站到我的面前不斷搖著頭。她不肯聽我說話。我來，是希望能讓她知道我的感受。

我看向那位女士，並問：「請問貴姓大名？」

「楚蒂！」她大聲說。

她旁邊的男子試著要她靜下來。

「這個名叫厄爾的男子說，請這個迷人的女士發自眞心原諒我。我對過去的事感到非常抱歉。」

聽到他的懇求，楚蒂一點也不驚訝。「做了那些事後，他是該良心不安。大騙子！他偷走我們僅有的一切。我們全部的退休金和存款。通通沒了！我不是唯一的一個，他對許多人都做了同樣的事。」

楚蒂說話時，旁邊的男子用手臂環抱著她的肩膀。

厄爾開始告訴我是怎麼回事，感覺得出他眞的很難過。我和一群合夥人合開了一家公司。我負責找投資人，他們負責投資金錢。我對人很有一套。

「他說他很能打動人心。」

楚蒂打斷我。「這又怎樣？我們現在該怎麼辦呢？厄爾？」

「楚蒂，厄爾說他眞的非常抱歉，還有他對一切感到很後悔。他不曉得那筆投資會血本無歸。他說那不是他負責的部分。他現在存在的每一刻都在體驗他所導致別人的痛苦。他一次又一次問自己，他那時可以有什麼不同的做法。他很難過毀了那麼多人的生活。他希望你相信他，他無意傷害任何人。他當時不瞭解，但他現在都清楚了。他說，我必須彌補我犯的錯。」

厄爾繼續描述他現在是在某種治療站。

「他讓我看到他的情況。我看到他在一個光線微弱的氛圍裡，那裡充滿了他的貪婪能量所創造出的沉重感。他不是唯一的一個。其他像他一樣的人也在那裡。他們都有著類似的態度和行爲。那裡淨是黑暗和悲慘。」

「在我聽來像是地獄。」楚蒂幸災樂禍地說。

「我想你要這麼說也沒錯。」

我儘可能對群眾解釋我看到和感受到的情況。「厄爾現在在學習他的恐懼、貪婪和貪得無厭的欲念如何使他盲目。他相信累積錢財比任何事都來得重要，後來更奉這個想法爲圭臬。而現在，他體驗到自己所創造的世界，不折不扣地被自己的貪婪和物質主義所困。他的靈魂不僅因他的念頭和行爲吃到苦頭，他也必須感受那些受害人的極大痛苦。他有很多功課要學。」

觀眾一直很安靜，大家專注地聆聽這個靈魂的故事。

我再度轉向老婦人，對她說：「楚蒂，雖然你只從這個人影響到你的方式認識他，但你必須思考背後有個更大的因素。」

厄爾接著訴說他的童年生活。「他現在在跟我說他的人生故事。他以前總是挨兩個哥哥的打，被他們貶低。因爲這樣，他在成長的過程中嚴重缺乏自信。他說他要是敢吭個一聲，兩個哥哥一定會痛扁他一頓。他想讓父親和兄長認爲他是個人物。他只是想要他們愛他，接納他。」

「爲什麼你要說這些？」楚蒂問。「我才不在乎他發生過什麼事。」

我解釋：「有時候我們需要知道一個人的背景才能瞭解他的動機。」我嘆了口氣。「你認爲在這個情形下你能多少同情他一點嗎？他一直在試著幫助你和喬。」

提到喬令楚蒂猝不及防。她厲聲說道：「喬才不需要他的幫助，尤其是現在。」

厄爾傳送新的意念給我。「你認識瓦特金斯醫生嗎？」

「認識，他是我父親的醫生。」楚蒂旁邊的男士回答。他自我介紹他是楚蒂的兒子，名叫史蒂芬。史蒂芬一直靠著椅背坐著，對我說的話顯露非常懷疑的態度。

我對史帝芬說：「厄爾告訴我，你父親因爲醫院的誤診差點喪命。對嗎？」

「你怎麼會知道這件事？」史蒂芬質疑。

「瓦特金斯醫生走進你爸的病房，對嗎？」

當我敘述厄爾告訴我的事時，史蒂芬的臉色發白。

「瓦特金斯醫生以爲自己在七樓，但其實是在六樓。他走進你父親的病房，以爲會看到另一位病患。他檢查你父親的狀況，立刻發現是什麼問題。其他醫生都沒想到。你父親的肺出現了過敏反應。」

觀眾發出驚訝的聲音。

史帝芬說：「我們很納悶一位完全陌生的人怎會走進我父親的病房，還做出了正確的診斷。這在當時一點道理也沒有。我們以爲我們的祈禱得到了回應，這位醫生是天堂派來的。」

觀眾發出哦的一聲。

「沒錯，他是的。」我肯定他的話。「是厄爾影響那位醫生走錯樓層去看你父親。」

「不可能！」史蒂芬大喊。

「我相信！」楚蒂大聲嚷道。「他既然能說服我們把全部的錢給他，爲什麼不能影響醫生走到別的地方？」

眾人哄堂大笑。

我看得出楚蒂強硬的外殼開始軟化。她終於瞭解厄爾眞的不是個壞人，只是某個陷進負面境遇的人。

她看了兒子一眼，然後眼神又回到我身上。「告訴厄爾，別擔心了。我原諒他。」她遲疑了一下。「你能跟他說一件事嗎？」

「可以。」

「謝謝他把喬還給我！」

「噢，他聽到你說的話了，楚蒂。」

我要求觀眾對厄爾傳送愛與寬容，讓他能從黑暗走出來，進入光裡。我也告訴楚蒂，我以她能原諒厄爾爲榮。然後，疲累的我終於可以休息了。

大秘密

我太常看到仇恨、虐待和忽略的種子是如何植入孩子的心靈。生命的早年會形塑我們對自己是誰的感受，也會影響我們未來所有的行動。孩童仰仗成年人的照顧和保護，然而，當成人沒有是非對錯的觀念，因爲他們的父母沒有教導他們，最終的結果就很具破壞性。人類如此惡劣對待彼此眞是令人悲傷。

與靈魂溝通的時候，我會敏銳覺察到當靈魂還在世時的性格。我能描繪出他們過去的人類天性，其中有些很具傷害性。不過我對他們多數都有很深的同情。評斷別人很容易，因爲評斷別人讓自己處在一個有力量的位置。然而，當我們能夠愛自己，也愛別人原本的樣子，就沒有什麼理由去評斷彼此。

我經常驚訝於另一個世界的靈魂是如何協助我們這些仍在世者擴展視野與理解。我希望你們能以新的體認，來看看以下這場令人相當不安的通靈。

「請問尊姓大名？」我問坐在中間走道位子的金髮美女。

「卡珊卓，不過大家都叫我珊蒂。」

就在我一調整自己接收珊蒂的能量場，我立刻覺察到她多層次的氣場。她的脖子以上散發著美麗的金、藍和粉紅色光暈。這意味著她有很強大的愛的能力，她能夠將這個能力應用在靈性上，只要她選擇。

通常當指導靈指示我去掃瞄一個人的氣場時，是因爲這樣我會知道那個人是如何緊抓著一個老舊模式、過去的傷痛，或某個情感創傷。過去的傷口若是沒有療癒，它會影響到肉體、心理、靈性和情緒的健康。以珊蒂爲例，我明顯地看到有地方不對勁。我在她的氣場看到我常看到的情況。氣場的中段，也就是心臟以下肚臍以上，呈現出黯淡的棕色和灰色。這些色彩的振動很低，很遲緩。我知道這個部位的色彩應該是綠色和黃色才對，振頻也該高得多。看著珊蒂身上黯淡的色彩，我知道她的情緒是封閉的。珊蒂一定發生過什麼事，才會這麼害怕去感受。

我單刀直入：「珊蒂，你是個有許多很棒理念的人，但你害怕打開心，在情感上接納別人。你說我說得對嗎？」

「對，我想是的。」她緊張地哈哈一笑。「有可能。」

我讓自己更進一步地感應她的能量場。「你很久以前被某個你信賴的人傷害過。你信任他，他卻濫用那份信任，對嗎？」

「不是每個人都遇過這種事嗎？」她質疑。

「不，不一定。」我回答。接著，我注意到她左邊一團旋轉的能量具現爲一個男子。我感覺他和這個情況有關，而他不是珊蒂的父親就是叔叔。這個靈魂傳給我一個意念。

「你認識一個叫阿弗烈的人嗎？」我問。

珊蒂垂下視線。我知道她完全沒預料到會聽到這個人，她也不想聽。她的雙眼湧現淚水，臉脹得通紅。

她沒有回答，所以我再問了一次：「你認識一個叫阿弗烈的人嗎？」

「認識，阿弗烈是我的叔叔。」

我看得出來，提到阿弗烈令她非常不自在。

「他想送愛給家人，還跟我說十二月有它的意義。」

「他是在十二月過世的。」

然後阿弗烈很突然地給我看一些影像，並要我傳達給珊蒂。

「他在給我看一只懷錶還有樓梯。你瞭解這個畫面嗎？」

這些影像完全出乎珊蒂的意料。她瞪著我，看得出來我踩到她的禁區了。

「去他——的，滾你媽的蛋啦！」她喊道。

我不習慣聽到這種反應，但如同先前通靈的楚蒂，憤怒的反應常常源自重大的傷害。

我在心裡默問阿弗烈：「請問你爲什麼來這裡？」

他回答。爲了治療她的心。我有責任，是我造成的。我必須做對的事。

珊蒂看著我和靈魂交談。「他在跟你說樓梯和懷錶的事嗎？啊？」

「不，不是。」

我從這個靈魂身上感受到非常強烈的羞愧感。「他要我跟你說，他很抱歉。他認爲你不會理解，但他很歉疚。」

「歉疚？你在跟我開玩笑嗎？他難道不曉得他害慘了我的一生？我的兩性關係一直很差……」珊蒂的聲音嘎然而止。

觀眾沉默地坐著，等待知道更多的故事。

珊蒂抬起臉來。「我喜歡的男人不是傷害我就是用某種方式虐待我。這都多虧了阿弗烈叔叔。」

我很驚訝珊蒂在一堆陌生人面前坦露實情，我也知道，或許不只珊蒂一個人會從這次的通靈獲得療癒，觀眾之中對她的經歷心有戚戚焉的成員也會。

阿弗烈反覆地說，告訴她我非常歉疚。

我試著將他的話傳達給珊蒂，但她並不想聽。

「你知道那個懷錶和樓梯代表了什麼嗎？」她問。

我知道她下定決心要告訴我們，不論我們想不想知道。

「每個週六晚上，我爸媽會外出。我叔叔阿弗烈負責照顧我和我弟弟。在我弟弟睡著以後，叔叔會問我要不要替他的懷錶上發條。我跟他說好。他說如果我是個乖女孩，就會發現懷錶在樓梯下的櫥櫃架上。你明白嗎？叔叔會摸我……」她的聲音逐漸變小。

「這個情況持續了多久？」我問：「你有跟別人說過嗎？」

「五年。**沒有**，我沒有跟**任何人**說。後來我很後悔沒有告訴家人。那應該是個秘密，所以我一輩子藏在心裡。」

「沒有人注意到或起了懷疑嗎？」

「我不知道，我也不在乎。」珊蒂充滿怨恨地說。

阿弗烈傳給我好幾個意念。「他要你瞭解，他小的時候曾被性騷擾，所以他把愛和虐待連結在一起。」

「我才不管。既然他遇過這種事，就該更瞭解才是。」

虐待是很棘手、很難療癒的問題。

「或許這是個開始。至少你開口談了。你越是把傷害和痛苦攤開來，越能讓它成爲過去。」

這次珊蒂安靜地坐著，思考我說的話。

阿弗烈不斷把他的想法傳送給我。「他對傷害了你感到十分歉疚。他請你試著諒解。」

「我不知道我能不能。我應該告訴別人的，但我不曉得要怎麼說。我很後悔自己什麼都沒講。」

「你那時還只是個小女孩。不要爲了過去的事懲罰自己。」

然後阿弗烈傳給我一輛車飛在空中的印象。

「阿弗烈發生了車禍，是嗎？所以才死了？」

「對。他喝醉了，車子偏離了馬路。」

「他是不是從懸崖掉下去？」我問。

「對，事實上就是如此。」

然後我接收到一個不尋常的想法，我不得不複述。「珊蒂，你叔叔告訴我，車禍當時他並沒有醉。」

「沒有？那又怎樣？」

「他告訴我，他無法接受自己傷害了你，他非常羞愧。他是蓄意殺了自己。」

「什麼？」珊蒂發出震驚的聲音。

「他要你知道，你不是唯一受到傷害的人。他對你敞開心，要求你的諒解。」

最後這句話終於瓦解珊蒂的心防，珊蒂發自內心地哭泣。她的淚水已累積多年，每啜泣一聲，環繞著她的棕灰色能量就消退了一點。

懊悔有許多種類型，從生日時沒打電話給某人，或是沒在股票上漲前買進等等，從那些小而瑣碎的日常懊悔開始，到沒有接受某個工作，或是在朋友說了帶有種族歧視的笑話時，不置一語之類的較大懊悔都有，最後更有我們剛剛看到的，那些沉重的悔恨。

悔恨會在人的心裡化膿，造成一輩子的誤解和批判，使我們一直處在壓力與哀傷的狀態下。它在我們的氣場徘徊不去，在許多層面上造成許多問題。如果我們可以看到悔恨是如何蒙蔽了自己的理性、決定的能力和靈性的洞察力，我們就會決心要對自己無法改變的事情放手，並與自己和解。

即使是最難以原諒、最嚴重的過錯都可以被寬恕。就如珊蒂的情形，單是對事情有了新的瞭解，便能協助她放下悔恨。她因爲能夠同情曾經遭受類似處境的叔叔，也因此得以展開修補靈魂破洞的過程。最終，她必須要能發自內心地寬恕叔叔，並且愛自己，感受到自己的價值。這些都是完成療癒不可或缺的要素。

第三章 愛相對於恐懼

當愛的力量超越了對力量的愛，這個世界將會知道什麼是和平。

——美國著名歌手和作曲人吉米・亨德里克斯（Jimi Hendrix）

自從做了那個深奧玄妙的夢，一週已經過去。即使已過了段時日，我仍對那個夢念念不忘。每晚睡前，我都試圖透過冥想再度與它接頭。我渴望瞭解在那個夢的背後是否有我可能錯過的訊息。在夢裡，我確實像是錯過了什麼。

我的工作最令人沮喪的面向之一，就在於我雖然能觸及塵俗之外的次元，並爲他人帶來訊息，但我卻沒辦法爲自己這麼做。這是許多靈媒共通的特質。因此，我仰賴夢境帶來指導靈和所愛的人傳遞給我的洞見。我發現，夢境確實是靈魂對我們示現的工具。因此，即使無法回到那個核心夢境去找到它的意義，我還是認爲會有什麼出現在我面前。

我在腦中回溯，試著仔細分析那個夢。回想夢中幾幕主要的場景，我知道自己當時是在某個醫院。我看到了美麗的夕陽轉變成迷人的花藝，然後就是那個神祕男子。他到底要試圖告訴我什麼？

那個夕陽感覺很眼熟，我在清醒時曾見過類似的景色。那會是我偶爾在清新的冬日傍晚從家裡往外眺望時所看到的夕陽嗎？還是我早年在某處看到的景象？我不曉得，但它隱約有股熟悉感。

爲什麼我是在醫院的環境呢？那是療癒的象徵嗎？夢境和我們的情緒內涵有關，不過我不想過度分析。我只是記得很清楚，夢裡我感受到排山倒海的愛和關懷。那是純粹的愛，所以我覺得很快樂。我也感受到它和一個新的開始有關，特別是因爲那些花兒變得栩栩如生。

可是那個神祕男子卻難倒我了。他想跟我說什麼？分析到此，我想我已經太照表象來解讀這個夢。夢境通常都是象徵性的。這個男人代表某部分的我嗎？這個夢已深深根植在我的意識裡，我無法不去想它。我決定改天再來回想。或許會有那麼一道光亮起，然後我就會有新的想法或是感受。

我從那場夢得到的最主要感受是**愛**，於是我讓心思專注在這一點。愛是一股力量，一種能量，我們每個人都是由愛而生。我也是藉由這股力量，這份愛，才能在靈界的生命和實體世界之間架起橋樑。我們是愛，而愛就等同生命本身。在工作坊的時候，我常使用「神是愛」和「愛是神」這兩個句子。對我來說，它們是同一件事，我們無法區分神和愛。神永遠都說好，但我們的小我卻不然。

一如上一章生前爲金融業者的靈魂所意識到的，財富並不是解答。然而，我們許多人試著抓牢愛，宛如那是個所有物，但愛無法被佔有。愛是浩瀚無垠的，它無法被放入我們人類侷限的意識裡。每次觀察到伴侶們試圖把自己對愛的概念強加在另一個人身上，我總覺得很有意思。舉例來說，一個女人可能迫切地要操縱伴侶符合她對愛的理想圖像，但伴侶永遠不可能是她認爲的那種**完美**的愛，所以這麼做只會令她自己心痛。如果她能讚美伴侶的本色，欣賞兩人之間這份愛的獨一無二，情況一定會好上許多。

我們都是爲了學習愛的各種層次和面向，今生才有緣相聚。愛從來不是靜止的；它永遠在演化中。愛既隨機又有序；它是如此地無形、不可觸摸，卻又是所有事物的一部分。每當我們試圖限制愛或替它分類，我們就是在自找麻煩。

愛的相反是恐懼。如果沒有愛，剩下的就只有恐懼。每當沒有愛的時候，我們會感覺奇怪、不自然。想想上一次你和某個人發生爭執的情況吧。你的血壓升高，體溫改變，你感覺顫抖，失去平衡。你覺得非常不舒服。不幸的是，這個世界上的恐懼多過於愛。太多人在太多的層面上彼此爭鬥，造成的結果是全然的不快。這與我們人類身爲靈性物種所覺得自然的一切都互相違背。如果神是愛，那麼恐懼就是僞神；而如果我們相信恐懼，我們就是崇拜了一個虛妄的偶像。

心靈的無限愛

如果兩個人在靈魂層面有堅定的愛的連繫，他們之間的連結會十分強大。這個連結會穿透陰陽兩界的分隔面紗並超越肉身的死亡。我和靈魂溝通的次數不下數千次，接下來的故事令我特別難忘。

一個週五夜晚，我在加州北好萊塢舉辦一場工作坊。活動還沒開始，我趁大家還在找位子坐時，先到另一個房間準備。靈魂很少在這個時候打擾我，但有時也會發生。當我將能量從脊椎往上升到喉嚨中心的時候，一個女性聲音清楚地傳來：拜託你幫助我的法蘭基。他迷失了。我傳送想法給這個女性靈魂，請她告訴我她的名字。凱倫，她回答。凱倫給了我一個她是法蘭基太太的印象。

我經常隨身攜帶本子和筆，這樣當靈魂帶著訊息來到人世層面時，我就能迅速寫下他們所提供的任何細節。這晚也不例外。我在本子上寫下法蘭基和凱倫兩個名字。然後我跟凱倫說，等工作坊進行到傳遞訊息的階段，我會開啓自己與她對話。凱倫對這樣的安排可以接受，我也爲即將進行的通靈做好了準備。

大約一個小時後，當我開始接收靈魂訊息時，我立刻清楚地聽到凱倫說：我在這裡。請幫助我的法蘭基！

我問群眾：「這裡有位法蘭基嗎？你過世的太太叫凱倫。」

最後一排走道上，有個男人小心翼翼地舉起手來。

「我是法蘭克。我太太凱倫幾年前過世了。」他和旁邊的女士一同站起來。

「我是凱倫的妹妹安。」女士說。

我看到凱倫出現在法蘭克的身邊。她有一頭長長的褐髮，皮膚看來十分柔軟，給我一種像是桃子和鮮奶油的感覺。凱倫穿著一襲飄逸的白色和粉紅色長袍。有趣的是，她手裡拿著一朵白玫瑰，正一瓣又一瓣地拔掉，將花瓣像瀑布般灑落在先生身上。凱倫的意念非常強大。

「法蘭克，你太太要你知道，她隨時在看顧著你，隨時都在你身邊。她提到一個名叫月光的地方。你知道那裡嗎？」

「知道。」他回答。他看來似乎對我知道這事感到意外。「我們是在那裡認識的。」

「她告訴我，你以前常和朋友在那裡跳舞。」

「大學的時候。」他說。「我是在那裡遇到她的。哇，這也太令人驚訝了吧！」

法蘭克完全被嚇到了，看得出來這整個經驗讓他覺得不太眞實。

「她跟我說，你從以前到現在都是個紳士。她還提到克拉奇或是克拉奇爾。你知道這個名字嗎？」

安很快地用手掩住嘴巴，顯然她知道我在說什麼。

法蘭克說：「我知道，我遇到她的那晚，一個名叫克拉奇爾的當地人也在場。他喝得酩酊大醉，還找凱倫的麻煩，整個人撲向她，但算是被我阻止了。」

我很快地補充：「她在說你眞的是擋下了那個人！」

「是啦，我拿一個啤酒瓶敲他的頭，然後警察就過來把他帶走了。」

觀眾哈哈大笑。

「凱倫現在給我看一個畫面，是你在後院的露臺，坐在一張白色的金屬椅子上，她站在你身後。」

「對，我三不五時會去那裡。天啊，這眞是令人不敢相信。」

「她在對你搖手指，她說：你不應該。」

「我懂。我每天早晚都走到露臺上抽菸。」

觀眾意識到這原來是他的小秘密，不由得發出啊的一聲。

「她告訴我，她能聽到你的想法，還有，她爲你擦去淚水。」

聽到這句話，法蘭克流下了眼淚。「她是我的生命，我的一切。」

「是的。你也是她的一切！」我很快地說：「她想要幫你再次體驗人生，但你卻動都不肯動一下，所以很難辦到。你困在對她的回憶裡，不願往前走。你的心沒有可以接受別人或任何新事物的空間。她要我告訴你，是你給了她生命。」

「不，我沒有。是我奪走了她的生命。我應該要守在她的身邊。我應該要在家裡常備她的藥。」

說到這裡，法蘭克再度崩潰，安撫摸他的背安慰他。

「她告訴我，你有一天會遇到另一個女人並愛上她。」

「我永遠，也絕對不會愛上凱倫以外的人。我的心已經碎了。凱倫死的時候，就把我的心也帶走了。」

觀眾對這個心碎的男人感到同情，群眾中發出輕柔的哀嘆。我在許多人身上看過法蘭克這種反應。當已故的伴侶說尚在人世的他／她會再度戀愛，得到的反應通常都是否定的。「不，我永遠不會再談戀愛！」不過我的工作是傳遞訊息，不是強迫別人相信。

「你的心沒有全碎。愛是源源不絕的。」我回答：「她說你在害怕。你讓自己活在全然的恐懼裡。」

法蘭克直視著我。「我不想傷害別人。」

凱倫的妹妹打斷他的話。「他根本是足不出戶。他有兩年沒有離開那棟房子。太不正常了！」

凱倫接著又傳給我另一個想法。「你知道瑪西是誰嗎？」

法蘭克看著地板。「不……我不知道你在說誰。」

「凱倫對瑪西是不是不太好？因為她說那是很久以前的事，還有她不該表現得那麼惡劣。她想彌補瑪西。她覺得自己必須這麼做。」

「我不認識什麼瑪西。」

凱倫的妹妹對法蘭克輕聲說：「瑪西不是大學同學嗎？」她問。他們兩個對談了一會兒，然後看著我，想得到更多的資訊。

「凱倫要你去老月光，和瑪西跳支舞。她保證你會玩得很愉快。」

「我已經不出門了。」法蘭克說。

「凱倫在懇求你為她去一次。她保證這會改變你的人生。她十分堅持。她說，你知道的，只要是她想要的事，她總是會照自己的意思去做。」

「那我可得小心了！」他說道，面露微笑。「好吧。」他答應了。「我會為了凱倫這麼做。」

接著，我們結束了訊息的傳遞。

幾個月後，我的助理凱莉遞來一疊信件，其中有只信封看來像是邀請卡。我打開後，看到裡面的字條寫著：

親愛的詹姆斯：

感謝你把我的人生還給我。若非那晚親身體驗，我眞不敢相信這是有可能的事。在你爲我通靈後，我思考了好幾個星期，決定聽從凱倫的忠告，前往老月光俱樂部。我在那裡與大學老友瑪西不期而遇，在我一看到她的那刻，我清楚感覺到心臟怦怦直跳。我知道她正是凱倫告訴我們的那個瑪西。那刻之前，我完全不記得她。在此附上我與瑪西的婚禮邀請函，希望你能成爲我們的座上嘉賓。

法蘭克謹筆

我看著心型的邀請卡，打開卡片，裡面寫著：

我的心再度變得完整。

請與瑪西和法蘭克一同慶祝源源不絕的愛。

恐懼以不同的方式打擊我們。就像法蘭克，每個人都有可能因爲恐懼而變得無法行動。恐懼的能量把我們往下拉到一個連活著都很艱難的地步。我們做的每一件事都蒙上恐懼的侷限和沮喪的陰影。然而，我們無法在恐懼的牆後找到自己眞正想要的東西。以法蘭克爲例，他是直到被凱倫的愛圍繞，方才走出恐懼。由於亡妻的愛，他在人世間甚至找到了更多的愛和幸福。

不要恐懼，我的愛

如同接下來的通靈所顯示的，有些人必須等到死後，才能完全瞭解他們的生活和信念對別人及別人的成長所造成的負面影響。我請你在閱讀的時候，也反思恐懼對你的生命可能造成的阻礙。

馬丁·卡茲從會走路以後就活在恐懼裡。他學會要害怕自己的父母。因爲他要是撞到桌子，他們會因爲怕他跌倒而很快抓住他，並且打他的頭。下雪的時候，父母會把他關在家裡，不讓他冷到、弄濕，或是像他媽媽老說的那句話：「死掉。」大多數的父母都很擔心孩子的安危，但馬丁的父母卻擔心到了一個極點。馬丁在充滿恐懼下長大，死亡尤其是他最大的恐懼。事實上，恐懼變成了馬丁的實相並且主導他的一生。

馬丁從小住在紐約布魯克林區的一間褐沙石所建的小公寓裡。每天早上，媽媽會先走路送他上學，然後才去上班，每個下午也會去學校接他回家。如果放學後沒看到媽媽，馬丁必須待在學校等候。有天下午，馬丁的媽媽沒有出現，好幾個小時之後，她才終於姍姍來遲。媽媽說她很抱歉，她那天必須多做一班的工作。馬丁因爲是個充滿恐懼的小男孩，等候媽媽的時間對他來說就像永恆那麼漫長，他甚至幻想有怪獸來抓他。儘管馬丁有過度恐懼的問題，他仍算正常地長大，後來還娶了名叫夏洛特的嬌妻，生了兩個孩子。

我是在替一小群人進行私人通靈的時候認識馬丁的。當我仔細觀察這個九人團體時，有個女子特別吸引我的目光。她有著一頭如絲的棕色長髮，戴著一個過大的眼鏡，一直坐立難安的樣子。雖然人們來參加通靈時感覺緊張很平常，但這位小姐似乎特別神經質。

我看著她，問道：「你還好嗎？」

「還好吧。我想。我從來沒參加過通靈，所以有點緊張。」

我解釋與靈魂溝通是怎麼回事——我提高我的能量，靈魂則降低他們的能量，然後在某個中間點，我們相遇。我也安撫這個小團體：「不會有讓你們覺得不舒服的事。」接著我引導他們冥想，幫助他們放鬆，釋放緊張。過多的緊張情緒會阻礙通靈時匯集的能量流，會因此使我的傳導工作變得困難。冥想結束時，每個人都平靜了下來，包括那位光滑長髮的女子，但我仍然在她周圍感覺到一些不安。

傳遞訊息約四十五分鐘後，我準備把目標放在面前這位緊張的女子身上。

「你怎麼稱呼？」

「史蒂芬妮。」

我注意到有個靈魂在她身後來回踱步。他很緊張，就跟史蒂芬妮一樣。我納悶史蒂芬妮是否受到他的焦慮影響。這種情形很常見。在我跟靈魂溝通的時候，靈魂若是很激動，觀眾中常會有人可以感受到他們不安的能量。

我在心裡默默對史蒂芬妮身後的靈魂說：「現在輪到你說話了。現在！」

我感應到他很驚訝，但他很快便向我道謝。

「有個很緊張不安的男子站在你身後。他給我一個名字，聽起來像是馬提或是馬丁。這對你有意義嗎？」

「有，那是我爸，馬丁。我們叫他馬提或老爸。但我不懂。他並不相信死後還有生命。而且他很怕這種通靈的事。」

「他在對你傳送他的愛，他希望你知道他已經不再畏懼死亡。他說他都想錯了，覺得自己那麼害怕眞是愚蠢。他說死亡是很自然的事，一點也不痛苦。」

當我向馬丁的女兒複述他的話時，馬丁不斷大喊著要我跟她說，*我在這裡，我做到了*。

淚水滑落史蒂芬妮的臉頰。即使先前已經目睹其他人接收到令人驚訝的訊息，史蒂芬妮依然對這整個過程感到敬畏。

「那是什麼個情況？」她問。

「你的意思是？」我問。

「他的死。我爸爸好怕死。他現在怎麼說？」

「他說那很自然。他記得自己當時躺在醫院病床上看電視，接下來他就看到早幾年前過世的兄弟麥克斯，然後又看到自己的父母。他們看上去都好年輕。他很驚訝他們臉上沒有他看了一輩子的擔憂神情。他不是很清楚自己身在何處，但麥克斯叫他起來。你父親說，他很困惑，還跟麥克斯說他病了，沒辦法下床。麥克斯說他不是病了，那些都只存在他的腦裡。麥克斯叫他想想自己的感覺有多美好。」

馬丁一下子傳送給我許多思緒。我知道爲了跟上他的速度，我話說得很快。

「你爸說他起來後，突然間就置身在一座美麗的花園，周圍都是以前見過的人。他告訴我那是他第一次感到自由，沒有害怕，沒有恐懼。他說那就像是逃離了監獄。然後他母親來找他，對教導他畏懼人生向他道歉。」

在我傳達這些訊息時，史蒂芬妮驚訝地坐著，動也沒動一下。

「好難相信這眞的是他。」她輕聲說。

「你爸告訴我，恐懼對你造成了傷害，剝奪了你的好奇心和創造的想像力。他要我告訴你，凡事都有可能。」

接著，馬丁告訴我一件很棒的事。「你知道法學院的事情嗎？」

「是的，我知道。我爸的夢想是當個律師。他希望能替人尋求公義，讓他們的生活得到眞正的改變。可是他一直覺得自己不夠聰明，當不上律師。他後來做了襯衫的業務員，很後悔連試都沒有去試著申請法學院。他常對我們說，他納悶自己如果不是這麼害怕，會有什麼樣的發展。」

「他現在對我說，他發現他如果相信自己，原本可以成爲一位非常傑出的律師。他也告訴我，他將得到第二次實現夢想的機會。」

不過我對史蒂芬妮表明，我不瞭解馬丁這句話是什麼意思。

「我懂。」她開始啜泣。「今晚來這裡以前，我本來打算取消再過兩天的律師考試。因爲我太害怕了，不確定自己做不做得到。現在我懂了！我不怕了！我爸剛剛給了我希望。」

「還有自由，他跟我說，你只要夠愛自己一次，就能打破家族的恐懼鎖鏈！」

說完這句話，馬丁的靈魂張開雙臂擁抱女兒，給她一吻。

就像馬丁家一樣，我們的信念都是由家庭的教養、過去的經驗和社會價值觀所形塑而成。我們透過信念去看周遭的世界，並用我所謂過時且在腦中反覆播放的信念錄音帶來衡量自己、自己的價值，還有自己在這個世界上的重要性。那些錄音帶有太多的訊息都以恐懼爲出發點，所以我們是透過恐懼的雙眼看世界，從扭曲的角度形成個人的意見和觀點。恐懼阻擋我們認識眞正的自己。然而，持續停留在恐懼裡、感覺自己不夠格、沒有安全感、不被愛、被誤解、憤怒和悲哀等不自然狀態是很辛苦的，於是我們就靠酒精、食物、賭博、性和其他的東西來轉移注意力。這些自我毀滅的行爲全是爲了避免自己感受到那些不自然、不舒服和不安的情緒。

A&E電視台有個節目叫《介入》（*Intervention*），它是我看過對人類互動與行爲最精彩的研究之一。他們把具有自我毀滅行爲者的家人找來，一同努力停止那個人的自毀行爲。他們成功勸服那些有成癮問題的人的唯一方法，就是集結了眾人的愛的力量。愛的力量是我們所能想像到的最大療癒力。

大多數人沒有意識到，他們的信念系統對自己的日常生活和別人的生命都造成了影響。即便意識到了，往往也已太遲，而在馬丁的例子，更是直到死後方知。人們通常要有一次讓生命爲之丕變的經歷，才能完全瞭解恐懼的後果。對某些人來說，那個經歷可能是絕症、車禍、瀕臨死亡的體驗，或者是高度意識的洞見。

許多人被恐懼所驅動，雖然它能激發我們採取行動，做一些平常不會去做的事，但同時恐懼也降低了我們振動的能量。此外，我們傾向於將自己的恐懼投射到這個世界。就像馬丁的父母，人們會把恐懼投射到小孩或其他人身上。而在惡性的循環中，不論我們投射出去的是什麼，最後都會回歸自身。

有個朋友告訴我他叔叔的故事。他的叔叔雖然很討厭自己的工作，但因爲深恐找不到別的事，一做就是二十年。他很怕自己會變得窮困，他曾試著找過其他工作，但總是時運不濟，而且似乎沒有哪個工作比他正在做的來得好。恐懼蒙蔽了他的雙眼，使得他看不到別的機會。在同一個工作做了二十年後，上了年紀的叔叔，嚴重抑鬱又精神緊繃，整個人變得很頑固，對生命也失去了熱情。他雖然活著，卻沒有一點生命力。他的恐懼阻礙了好事進門，最後陪伴他的都是恐懼帶給他的仇恨、憤怒、厭惡和痛苦。

如果我們用自己的感官、環境和向來被教導的想法來衡量這個世界，定義自己的現實世界，我們會相信只有自己所認知到的才是眞實的。然而，眞相是，人世間的生活只是短暫的幻相。事實上，實體世界的一切都是過渡性的。唯一眞正不變的是愛——創造和擴展的力量。愛不帶批判，不會挑剔；愛就只是愛。

愛的特質會把人與情境吸引到我們身邊。當我們是出於愛而做某事，更多的愛會被創造出來。但當我們的動機是爲了好比金錢或是名聲之類的，我們可能會得到所追求的東西，但我們的心靈卻是空虛的。當我們活在愛裡，愛會帶來喜悅、快樂、慈悲和歡笑等等正面特質的影響。

請花點時間，檢視一下你對人生所做的決定和選擇。它們是源自於愛，還是恐懼？如果你活得快樂又充實，你就是生活在一個充滿愛的空間。反之，你若感覺不滿、焦慮或不安，你就是在讓恐懼主導你的生活，活在幻覺裡。從現在開始，請留意自己做的每一個決定。如果你做了決定，卻掛慮著結果，那麼你的出發點是恐懼。如果你做了件讓自己快樂的事，那個決定便是出於愛。有了愛，凡事皆有可能。以下這場通靈即爲一例。

人生的天使

靈魂在一次現場示範中，帶給了大家一個很棒的禮物，而受惠者不只是那個靈魂要傳遞訊息的對象，還有當晚在場的三百人。一位特殊的靈魂用她的話語和體驗，傳達出深具療癒性的神奇洞見，觸動了每一個人的心。

當我現場通靈到一半時，我注意到兩個靈魂，一位護士，一位醫師，他們站在一個坐在很後面的紅髮女子背後，整晚大多數的時間都在那裡，極有耐性地等候輪到他們。醫療人員的靈魂出現在某人的周圍，通常只有兩個理由。他們若不是來幫助健康出了問題的人，就是擔任也在療癒領域工作者的指導靈，爲那個人帶來能量。這次的情況屬於後者。

「我可以過來找你嗎？可以嗎？」我指向紅髮女人。

「當然可以。」

護士和醫生向我表示謝意，隨即隱身到了背景裡。另一個有著蜂蜜色金髮、紅唇藍眼的靈魂出現。她帶著一種天使般的微笑，也謝謝我願意傳導她的訊息。

「有位女士站在你身後，她的名字是莫琳。你認識這個人嗎？」

「不，我不認得這個名字。」

接著莫琳傳給我另一個名字。「你認識堤貝特嗎？」

「不認識，我不知道那是誰。」

我看得出來，這位年輕女子的心思因爲太專注在自己渴望聽到消息的人身上，所以想不起這些名字。這種現象在我的工作中屢見不鮮。觀眾心裡會有一個特定的親友，但眞正現身的靈魂卻另有他人。這樣的執著會形成通靈傳導時的阻礙，因爲觀眾的心思難以接受其他的可能性。他們常常要過了一會兒（有時是在回家的路上），才終於想起那試著跟他們溝通的人是誰。我猜這次可能也是如此。不過莫琳顯然有重要的事要告訴這位女子，所以又傳來另一個思維。

「你知道攝政小學嗎？」

當這位女子串連起所有的關聯，臉色隨即大變，突然就哭了出來，有好幾分鐘不能言語。我的助理上前協助她。

「莫琳跟我說，她很愛小孩，所以曾經在那所學校工作。她覺得她在人世的使命就是保護孩子。這也是爲何她今晚會來這裡。你瞭解嗎？」

女子看著我說：「是的，我瞭解。是莫琳救了我一命。」

這時莫琳把雙手放在女子的肩上。

「莫琳說她是你的守護天使。」

「我在攝政小學念書時，莫琳是導護老師。她總是面帶笑容，還給我們禮物，有的時候是口哨，有時是棒棒糖。我們都很愛她，看到她就開心。莫琳很鼓勵我們，所以孩子們老是期待著見到她，不過我們都稱呼她爲堤貝特太太。孩子們會到她的那個角落坐下來，她只要有空，就會和孩子們玩遊戲。很多孩子從堤貝特太太身上感受到比自己父母更多的愛。」

「她告訴我，她想教他們愛是一切，這樣他們長大以後，才懂得如何去愛。」

「我明白。」女子回答：「她對我付出了最大的愛。我希望可以有什麼方式回報她。」

「回報她什麼？」

女子開始訴說完整的故事，邊說邊潸潸淚下，偶爾還忍不住啜泣。

「那天是星期二，我們才剛放學，我走在街上，忽然看到我媽在馬路對面。因爲我都是搭校車回家，所以看到她時非常驚訝。我好興奮，看都沒看就跑過馬路。我先是聽到一聲尖叫，接下來就發現自己躺在排水溝裡。醫護員俯視著我，我媽抓著我的手。我問她發生了什麼事，她說我衝過馬路時，校車已經駛離路邊，而司機顯然沒有看到我。堤貝特太太把我推開馬路，我安全了，但校車卻一頭撞上她，她就這樣死了。我一直都想向她道謝。」

「現在就是你的機會。」我熱切地回答。

聽到這句話，這位女子往上看著天花板，大聲說出：「謝謝你，莫琳。」

現場所有的人無不深受感動。

「莫琳說，親愛的，不用謝我。我以你為榮。你不只表現出愛，你也拯救了許多人命。」

當我傳達莫琳的話給這位紅髮女子時，她謙遜地說：「沒有，我和堤貝特太太沒得比。」

「她說你救了很多條人命是什麼意思？」我問，想知道這兩個女人之間的關聯。

她揚起嘴角。「我是早產兒重症照護病房的護士。」

我轉向觀眾，對大家說：「愛，就是生命的贈禮。」為這次的通靈畫下句點。

愛沒有界線。它不是佔有，沒有嫉妒，也不是基於條件。愛沒有任何的附帶條件。一如你從這場通靈所看到的，愛不會退縮，不會阻礙你。如果我們全都活在愛而非恐懼之中，世上將不再有怨懟、戰爭和傷害。我們是照神的形象所打造出來的，而神就是愛，因此我們必須在自己所做、所說和所擔任的角色中，致力表達我們的愛。

第二篇──己所不欲，勿施於人

第四章　怨天尤人

將人生掌控在自己手中會怎麼樣呢？會發生一件很糟的事：你沒辦法怨天尤人了。

——美國小說家艾麗卡·瓊（Erica Jong）

有那麼多人無法發自內心成爲一個更有愛心的人是件遺憾的事。因爲他們的愛不夠，於是家人、朋友、組織、社區，甚至是政府與政府之間便起了衝突。人們寧可把自己的錯誤和問題怪到別人頭上，也不願替自己的行動負起責任。怨天尤人似乎是生命中很正常的一部分：只要我是對的，那麼錯的人一定是你。而怨懟也比努力透過愛和寬容去瞭解對方要容易得多。

人們從很小的時候就學會推諉責任。舉例來說，如果有個小女孩做了她明知是錯的事然後被大人逮到，她很容易就會把錯推到別的小孩身上。她當然不想因爲錯誤的行爲而遭到媽媽的懲罰。但小孩如果常用這種行爲逃掉了懲罰，他們會養成只要不被處罰，推托和怪罪給別人又何妨的心態。

我遇到過好多人需要和想要把自己的生活境遇怪罪於他人。這是因爲讓別人爲我們的失望和沒有實現的夢想擔起責任容易多了。我們不想承認自己做了錯誤的選擇。然而，持續用這種心態過日子，我們會陷入**受害者的意識狀態**。受害者意識，或是我偏好的說法——「自怨自艾」，對許多人來說似乎是再自然不過的事。基本上，就像孩子們不想受到懲罰，我們也不想爲某件出錯的事負責。於是，我們成了境遇的受害者，認爲自己會走到這般混亂的田地，罪魁禍首都是別人而不是自己。

你們才沒那麼愛我

接下來的這場通靈就與受害者意識有關。主角是位女性，她覺得自己之所以會變成今天這樣，之所以有那些不如意的遭遇，全都是父母的錯。

二〇〇五年我在加州的沙漠溫泉舉辦了一場聚會，艾德莉安·載爾是現場四十位女性之一。這些女子來自全美各地，各有不同的社經和政治背景。有些人深受悲痛所苦，有些人渴望得到靈性上的開悟，還有的人純粹只是好奇。

環顧坐在面前的這些婦女時，我得到一個一九六七年雪弗蘭黑斑羚（Impala）車款的印象，於是我將看到的向觀眾說明。

順。事實上，它偶爾會停在路邊休息一下。」

「這輛車行駛在一條通往小木屋的山路上。在遇到彎路和山丘時，車子開得不是很

女士們對這個情境呵呵笑了幾聲。

突然間，一名嬌小的女性開口說道：「對，我知道那個畫面。」

這位小個子的女子坐在第二排，她有一頭黑色鬈髮，戴著金絲邊眼鏡。「我父親有過一輛黑斑羚，他常開車去我們家在山上的小木屋。」

我走向她。「你叫什麼名字？」

「艾德莉安，你可以叫我艾蒂。」

「謝謝你確認這個訊息。」我說。

「我父親在這裡嗎？我想和他說話已經很久了。我們沒能和對方道別。」

聽到這句話，我接收到一個名字。「你知道有人叫納森或奈特這個名字嗎？」

「知道，那是我爸的名字。」

「你知道叫瓊安的人嗎？」

「知道，那是我媽。」

我看得出來在場所有的女性都印象深刻，同時也有點緊張。

「你知道坐在後座的傑克森嗎？」

「知道，傑克森是我哥。每次搭車他都坐在我旁邊，我們會在車裡吵架，然後我爸媽會怪我引起紛爭。」艾德莉安說，緊張地笑了一下。

「你父親要我告訴你他愛你，還有你媽媽就站在他的旁邊，面露微笑。」

「噢，我才不這麼認爲。」她突然回：「我爸爸從來不知道愛這個字的意義。」

我看著她父親的臉，他正在微笑。事實上，他的笑容充滿了慈悲。

「他說他應該要多跟你說他愛你。他說當他還在我們這個世界的時候，他不是很愛他自己，所以對於向別人表達愛會覺得不自在。你媽媽在點頭。她說她過去對你父親也有和你一樣的感受。」

艾德莉安不是很明白。「我從來不曉得我媽媽是這樣的想法。」她說：「她沒有提過。」

接著她母親開口說話。「你母親跟我說，他們儘可能給你最好的生活，但你拒絕接受。」

「才怪！他們什麼都沒有給我。他們總是說我不夠好，從來不鼓勵我。傑克森永遠是最重要的。他是大哥，所以得到爸媽所有的注意力。我要求的不多，我只想要有支持我的父母。如果我能感受到他們的愛和認同，我的人生一定會比現在好上許多。我可以問他們爲什麼嗎？爲什麼他們都不鼓勵我？」

突然間，瓊安讓我的腦裡充滿她女兒一些令人驚喜的回憶。「艾蒂，你還記得溜冰比賽嗎？」

艾蒂垂下視線。

「你還記得你媽媽對你說什麼嗎？」

「記得。我認爲自己能力不夠，本來打算要放棄。」

「她跟你說了什麼？」

「她叫我閉上眼睛，想像自己是個贏家，然後就這樣去比賽。」

「後來呢？」我問。

「我照她的話去做，還眞的贏了比賽。天啊，我好多年沒想起那件事了。」

她父親接著把另一段回憶也放進我的腦中。「你是不是贏得了學校的獎學金？」

「噢，天啊。這眞是令人難以置信。對，一筆小獎學金。」

「你爸提到你畢業時領到的獎。」

艾德莉安泛起微笑。

「你爸做了什麼？」

她想了一下。然後似乎靈光一閃，想到了什麼。「我知道他想說什麼了。他告訴我，只要我能把大學學業完成，他會支付獎學金之外所有的學費。」

「那你做了什麼？」我問。

「我以爲那是他想控制我的另一種方式，所以沒有同意他的提議。我拿了他的錢，可是爲了念藝術而把錢花在市區的公寓上。不幸的是，我在藝術方面一直沒有很好的表現。」

「你媽說你是個很棒的畫家。她說妳在母親節的時候爲她畫了一幅畫。」

艾德莉安搖搖頭，嘆了口氣。「我是畫了一幅她的肖像，而且還眞的畫得很不錯。事實上，我把畫賣了。那是我賣掉的第一幅，也是最後一幅畫。」

這些小提醒促使艾德莉安快速地檢視人生，看清她的怨懟源自何處。她凝視著我說：「我不相信自己的可能性。我在當個受害者中找到更多的力量。我老會說其他人有多糟糕，這樣就用不著看到自己是多麼不願負起責任。」

「唔，安蒂，你的父母想要謝謝你的愛。」

「怎麼會？我把一切都怪到他們頭上，我覺得好羞愧，也很抱歉。」

「不，他們要謝謝你幫助了他們幫助你。」

「啊？你在說什麼？」

「因爲你畫地自限，不相信自己，所以你父母在靈界得到了額外幫助你的機會。他們協助你並影響你從心中找到被你埋藏許久的光。他們還在世的時候，不論是沒辦法還是不曉得要如何表達，對你來說都是忠言逆耳，但現在要激發你比較容易。他們說你的心對他們不像以前那麼封鎖，所以他們能與你同在並幫助你想起自己的靈性力量。」

艾德莉安聽得目瞪口呆。

我繼續說：「你的父母在合併他們的思維，他們說你已經開始找到自己的力量。他們上週為你創造了一個情況，而你也做到了！他們非常以你為傲。」

「我不確定這是什麼意思。」

「你上週是不是去註冊上美術課？」

「對。我走到以前從來沒去過的街道，看到一間美術用品店的櫥窗貼著美術課的廣告。我不知道怎麼回事，一時興起就走進去登記上課。我只是覺得那是對的事。」

「是瓊安和奈特讓它發生的。他們還要我跟你說一件事。」

「什麼事？」

「不管年歲多少，你永遠都可以認識自己的出色，而他們會一直陪伴在你身邊。」

「謝謝你，詹姆斯。」然後艾德莉安仰望著上方，說：「我愛你們，老爸老媽。」

「順道一提，你爸想為了黑斑羚的事向你謝謝，不過我不確定這是什麼意思。」

「噢，去年我想知道能不能找到我爸的舊車，於是上網追蹤到新墨西哥州某個地方。我把車買回來了，現在它就停在我的車庫裡。」

聽到這句話，現場的人全都鼓起掌來。

初見艾德莉安時，她很有攻擊性而且憤怒，但與靈魂溝通到了最後，她整個人都變得柔和許多，令人相當驚喜。艾德莉安的父母給了她最棒的療癒禮物。透過訊息的傳達，他們協助她生平第一次從新的觀點去看待自己；她因此能夠採取必要的步驟，將自己從心靈的自我監獄裡釋放出來。

我們來到人世是爲了學習許多課題，其中最重要的一課就是愛自己和接納自己。爲了融入人群並被別人接納，我們的內在總是會有掙扎。當我們評斷別人和自己時，我們並沒有看到眞相，因爲評斷就等於恐懼。透過怨天尤人和活在受害者的意識，我們延續恐懼並且投射出去。當我們透過恐懼的眼睛去看事情，我們立刻陷入幻相和侷限裡，想著：「我不夠好，我的人生注定與成功無緣。」然而這些都是與我們的神性相違背的謊言。

受害者從一個扭曲的觀點去做選擇。他們會吸引到一些不好的經驗，陷入無止盡的自我傷害心態的惡性循環裡。通常有受害者心態的人在生活中每個層面都表現得像是受害者。然而，如果他們覺得自己沒有力量，事情又怎麼可能會有改變呢？

很多人周遭都曾有過自作自受和抑鬱陰沉的人。這些人沒有很好的人緣，因爲他們負面的心態讓人遠離。同時，他們又常吸引其他類似心態，一樣充滿恐懼的受害者進入自己的生命。有句話說：「同病相憐。」當一個人的周遭都是負面能量，他要如何在人生成功呢？由於對生活的看法總是很陰暗沮喪，有受害者心態的人老覺得自己運氣很背。

我眞的認爲，受害者心態是許多社會問題的根源。在許多方面而言，憂鬱、憤怒、不安全感、不信賴和暴力都源自這類型的思考。沒錯，確實有很多人過著貧困的生活，得到的資訊和教育遠不如環境優勢者。然而，不論境遇如何，如果不設法去尋求一個超越自己所知的世界並嘗試學習技能，去瞭解和認識眞正的自己，他們將持續生活在不利和受限的狀況。也有許多人待在熟悉的領域——「我只懂這個」——而不願冒險進入未知。他們用非常狹隘的觀點畫地自限。不幸的是，當他們不斷拒絕爲自己的選擇負起責任，他們呈現出一種「大家都和我作對」的心態。都是**他們**害的，**我**才沒辦法得到更好的工作、更高的薪資、更好的家……等等。在國家的層面，「大家都和我作對」的心態便會走向戰爭。

我們思考的時候若從「大家都和我作對」的心態出發，就會用狹隘的眼光去看世界的多元化，很快會產生偏見。偏見意味著僅掌握到事實的一小角，卻依據如此不完整的資訊做出決定。

常有人問我：「親友死亡進入靈界以後，會很神奇地就擁有對整個宇宙的完整意識和知識嗎？」我的答案是：「不，不見得。」是的，靈魂對生死確實有較爲擴展的觀點，然而，如果他們在世時就是封閉在特定的心態，尤其是受害者意識或怨天尤人，即使在進入了死後世界，他們並不會輕易就擺脫原有的想法。依附在這種心態上的負面情緒很不幸地不會改變。

全都是他們的錯

我想和你們分享在密西根州底特律的活動裡所收到的訊息，希望你們能領會一個開放心態所具有的深刻價值。

在這場工作坊，現場的能量非常棒。人們似乎都敞開心胸，並且願意質疑自己向來的認知和感覺。當時，我已完成三場令人激動的通靈，觀眾對於接下來還會發生什麼充滿了期待。然而，要說下一個靈魂所傳遞的訊息令我目瞪口呆也只是輕描淡寫。

打從這一晚的開始，我便注意到一個穿著白色和灰色家居服，套著一件圍裙的女性靈魂在一位女性觀眾的身邊晃來晃去。這個靈魂的腳上穿著白色絲襪，一手拿著像是聖經或是祈禱書之類的東西站在那裡，大多數的時候都是低著頭在讀書的樣子，偶爾才會抬起頭來看我。她把手裡的書翻了一頁後，終於開始和我交流。她用手指著我，以心傳心的方式問道：「你是誰？我想和我的外孫女說話。」

我在心裡詢問她的名字。

蘇菲。她回答。

我看著這個靈魂站立的區域，問道：「這裡有人的外婆叫蘇菲嗎？她說她住在……聽起來像是阿特或是奧特維爾的地方。」

一位年輕女子立刻站起來。「有。我的外婆就叫蘇菲！她住在俄亥俄州的奧特維爾。她在這裡嗎？」

「噢，她是在這裡沒錯。」

看到外孫女這麼快就站起來，靈魂十分訝異，對我大喊道：「你這個邪魔歪道！你會下地獄！」

「你的外婆蘇菲認爲我在做的事情是錯的。她生前是個信仰非常虔誠的人？」

「噢，沒錯。她是個頑固的淨信會教友，認爲異教徒都會在地獄裡被火燒。」

聽到這句話，蘇菲指著她的祈禱書。

年輕女子接著問道：「眞的有地獄嗎？她能告訴我嗎？」

「她說她因爲已經接受耶穌爲她的救世主，所以不會知道這種事。」

「她看到耶穌了嗎？」

「沒有。不過她告訴我，有一位耶穌的追隨者在照顧她。這是祂的天堂，她說，不知道祂的人會去別的地方。」

「噢！」外婆的態度似乎令這位小姐有點尷尬。

「請問你叫什麼名字？」我問年輕女子。

「瑟蕾絲特。」

「唔，瑟蕾絲特，你外婆給我一種她的宗教才是唯一正確信仰的感覺。」

蘇菲打斷我的話。我來這裡是因爲我很高興能脫離一切。我要我的外孫女知道這一點。我本來病了，而且厭倦了老是被人佔便宜。

「你外婆說，你父親是個好人，不過他應該更努力照顧家人。他有點像個浪子。他應該要多付出些的，特別是因爲他的背景。」

我轉向瑟蕾絲特。「這對你來說有意義嗎？」

「是的，有意義。我爸是猶太人，所以外婆從沒喜歡過他。外婆反對我媽嫁給我爸，也因此和我爸合不來。」

然後蘇菲在我的腦中爆炸般地大叫。他是個猶太人，那些人屬於自己一族。就因爲那些猶太人，一切才改變了。

靈魂變得越來越氣憤且大聲，我不得不把雙手覆蓋在耳朵上。我把她說的話複述給瑟蕾絲特聽。

「蘇菲很生氣。她說他們進到城裡，接管了所有的東西，銀行、商店，沒有東西不被他們拿走。經濟大蕭條時期，她父親的房子就落到那些人手裡。」

觀眾席上傳來竊竊私語，但我必須跟上靈魂的訊息。

「你外婆的心中有很多偏見。她是不是總把人生的不如意怪到別人頭上？」

「她總是抱怨別人，特別是猶太人。她是個很不快樂的人。當她終於過世後，我們反覺得感謝。我很抱歉這麼說，可是我們真的鬆了口氣。」

蘇菲顯然還有很多事要學。我傳送給她悲憫和愛。

瑟蕾絲特問道：「你快樂嗎？外婆？」

「你外婆說是的，我想我很快樂。她說她從不曉得她讓你們這麼不自在。她很抱歉。」

瑟蕾絲特綻放出微笑。

接著我對觀眾複述蘇菲的話。這裡很美，非常美。這個地方讓我感覺很好。你知道，這是我在生命中第一次被人如此眞誠的對待，至少我的感覺上是如此。天堂和我預期得完全不同。這裡有位仁慈且高大的紳士在幫助我。

「那是誰？」瑟蕾絲特問道。

「你外婆說她不知道，只是從她到那裡之後，他一直都在。她是這麼說的，我從沒遇過如此充滿關懷的人，他一定是耶穌派來的天使。她說這位天使會給她看一些事情，一些她自己絕對不會瞭解的事物。這是爲什麼她今晚會來這裡。否則，她會認爲這是惡魔在做的事。」

觀眾因爲仔細聆聽蘇菲的話，一片鴉雀無聲。

「蘇菲告訴我，她的天使認爲她在這個房間裡感受到愛會是件好事。她也想讓外孫女知道，人死的時候沒有什麼好怕的。她說，自從她開始對我說話，這個現場就變得越來越美麗。這個空間在發亮。」

「這位天使是誰？」瑟蕾絲特問道。

「她認爲他是某類協助者，幫助大家適應那裡的生活。你的外婆說，她必須離開了，因爲有其他靈魂要來。她要你照顧好自己。她非常以你爲榮。」

聽到這裡，瑟蕾絲特滿面笑容。

我看著蘇菲轉過身，走向遠方一位高大的紳士。從他的能量看來，我知道這位天使是個進化的生命，也是蘇菲的指導靈之一。我看到他對蘇菲微笑，宛如在說：「做得好。」當他們轉身離開時，我認出指導靈的頭上有頂猶太人的圓頂小帽，肩膀上也圍著猶太人晨禱時的披巾。多諷刺啊！我想著，蘇菲的指導靈竟是一位拉比（猶太教的牧師）。

蘇菲確實是人生的受害者。對她來說，把自己的不快樂怪罪於某個族群或是其他人身上比較簡單。怨天尤人要比改變生活中自己不喜歡的部分容易得多。由於落入這種心態的陷阱裡，她選擇了省事的做法。怨懟因此變成一種自動化的壞習慣。

除非我們挺身爲自己的思想負責，否則我們會一直困在自怨自艾的心態裡。人生不總是愉快的；事實上，人生可能非常痛苦。有時候，你只能在不好的事物和更糟的事物中做選擇，但這些選擇會教導你並使你成長。不論結果如何，都是由你創造出來的。因此，**你**，只有**你**，會變成你的命運的作者。當你關心自己所做的每個決定，以及人生路上所走的每一步，你將感到更有自信且無所畏懼。

我們都想走好走的路，但如果這麼做的話，我們就會阻礙自己的成長、學習和理解。透過承擔責任，我們就是在這個世界給自己一席之地；我們衡量自己對自我、對他人，還有對整個世界的整體認知。承擔責任的人會吸引其他負責任的人進入他們的生命。

最終，是你的思想爲你周遭的氛圍上色。沒有人可以**強迫**你有何感受。你必須要**願意**以某種方式去感受才行。只有你能容許他人的思想進入你的腦袋裡。你必須爲自己的行爲負責。你的行爲如何影響另一個人的生命呢？那些憤怒且滿腹怨言的人會發現，他們的行爲反映的正是自己的感受。當他們沒有安全感的時候，他們不只在自己的內在製造動亂，旁人的生活也會受到波及。

自責

以下的故事顯示了我說爲自己的思想和行爲負責，即使是在我們認爲做錯決定後，依舊在內心找到平靜的意義。這次的通靈也彰顯出不眞實面對自己所付出的終極代價。

我在紐約進行年度工作坊時，曾花了二十分鐘替薩勒諾家的兩兄弟仲裁。亡靈路易斯指責來參加工作坊的五十五歲哥哥安東尼，說他毀了他們餐廳的生意。

「路易斯說，東尼，你從來不爲任何事負責。你每次都來借錢，你答應會還錢，最後卻害得餐廳倒閉。我有看到任何一毛錢嗎？」

路易斯對安東尼說話的方式，喚起我在紐約成長的記憶，造訪小義大利區的回憶頓時也變得栩栩如生。當安東尼看著天花板回應時，我的腦袋都是一片片披薩和檸檬冰。

「你在跟我開玩笑還是什麼嗎？」安東尼反駁：「你老是把錢花在那些女孩身上，非得請她們喝酒吃飯不可。錢都跑去她們那裡了。」

接著我意識到一個年輕男子靈魂的出現。他大約二十一歲，理了個大平頭，站在安東尼的旁邊。他把想法傳送給我。

我問安東尼：「你知道scramble嗎？這裡有個棕髮的年輕人提到scramble這個字。你瞭解嗎？」

「不瞭解，我不知道你在說什麼。」

我請那個靈魂給我更多的資料。突然間又有兩個年輕男子出現，而且就站在安東尼的左邊。他們合併思緒，傳送給我。神鷹突擊隊。我們是神鷹突擊隊的人。

我問安東尼：「你知道神鷹突擊隊嗎？」

他再度回答：「不曉得，我一點頭緒也沒有。」

在爲靈魂和實體世界溝通時，我常把自己想成是空中交通的管制者。當我和某個靈魂正在溝通的時候，可能會有其他靈魂跑來插隊，而我必須要花點時間才能理清楚新來的靈魂和我正在談話的對象無關。安東尼的情況似乎就是如此。

「我很抱歉，安東尼，你兄弟的能量消散了。現在我察覺到幾個年輕人朝我的方向過來，他們對我說他們曾和觀眾中的某人並肩作戰。」

我很快地環顧室內，同時注意到有幾個人對我快速更換的影像感到詫異。「現場有誰知道這事嗎？」

坐在安東尼那排尾端的一位年輕男子搓搓手，含糊地說：「我可能知道。」

他旁邊的女子立刻抓住他的手，對他耳語。然後我看到一個女性靈魂站在那個女子的正後方。靈魂有一頭紅髮，臉上畫了妝，像是要去跳舞的樣子。我立刻感知到靈魂是那位女子死去的母親，也是年輕人的外婆。

「這位女士，有個女人站在你後面。她打扮得很漂亮，穿著一件黃色洋裝。」

「噢，聽起來像是我媽媽。她去哪裡都會化妝。」

靈魂想要傳送訊息給她的外孫。

「她在說傑森。這是誰的名字嗎？」

「是的。」年輕人說：「是我的名字。」

「你外婆想要你知道，她來這裡是要帶給你愛和力量，而且她永遠都會。」

「謝謝。」傑森回答。

女性靈魂又說，告訴他照片的事。

「她要我跟你說，她知道你在錢包裡放她的照片。」

聽到這話，傑森吃了一驚。「對……沒錯。我總是隨身攜帶外婆的照片。」他的雙眼閃著淚光。

「你以前是海軍？她給我看坦克和你穿著軍裝的影像。我看到她的照片也在你旁邊。」

我發現傑森對這個資料不太自在。他垂下視線。他的母親用手輕撫他的頭，輕聲說：「沒事的。」

過了幾秒，傑森看著我說：「對，我以前在第二海軍陸戰隊。我是砲手。」

我對他點點頭。「你外婆當時也和你在一起。她說你會把她的照片放在坦克窗戶的上方。」

「對，她說得沒錯。我用口香糖把照片黏在那裡。」

他說話的時候，之前那三個男性靈魂出現在他外婆旁邊，每個人都露出同情的表情。忽然，傑森的外婆懇求道，拜託，拜託你告訴他，大家已經原諒他了，他需要原諒自己。沒有人生他的氣。在我的世界，一切都沒有問題。我們不會用你們的世界那種方式批判。我懇求你告訴他，不要這麼對自己。她在說那整件事是個意外。

聽到我傳達這個訊息後，傑森輕聲哭了起來。他用雙手蓋住眼睛，遮住淚水，發出奇怪而難以理解的聲音。

一位男性靈魂開口對我說話。

「你知道凱斯嗎？或強尼Q？還是班森？我接收到這些名字。」

傑森立刻抬起頭來。「是的，我知道！他們是神鷹突擊隊偵察任務的飛行員。」

他突然站起來並喊道：「不是我的錯！我叫克拉克不要攻擊。沒有人有把握。那不是我的錯！別來找我！」

心煩意亂的年輕人跑離了現場，他的母親立刻從後面追去，三個男性靈魂和年輕人的外婆跟著飄離現場。

我驚詫不已，其餘的觀眾也都一片沉默。這就像有輛行駛中的火車突如其來地停止，沒有人知道該怎麼辦。

我感到精疲力竭，坐下來看著群眾。「我想我們今晚該結束了。」我引述了一段簡短的禱詞，並提到傑森，確定每個人都能爲他祈禱。

在大多數的活動過後，我都會留下來簽書，並和前來參與工作坊的人合影。雖然那回我累壞了很想離開，但還是留了下來。有幾個人等著要拿書給我簽。許多人似乎仍對最後一場通靈感到震驚。當我伸手要簽下一本書時，我注意到站在面前的人是安東尼・薩勒諾。

他用男高音似的口音問道：「所以，就這樣嗎？路易斯就這樣走了？」

「我很抱歉，安東尼，今晚我只能做到這裡。不好意思。」

「不會，沒關係。」他從口袋取出一張名片遞過來。他開了一家文具用品公司，他是公司的董事長。

「如果路易斯再出現，你能打電話給我嗎？」

「嗯…我不認爲他會回來，安東尼。你比我還有機會見到他。他畢竟是你的弟弟。」

「好吧。那麼那個男孩呢？你想你會發現那個跑出去的男孩究竟是怎麼回事嗎？我很久以前也在海軍待過，所以很清楚像他那樣的人會經歷到什麼。如果你有他的消息，他也需要什麼的話，請打電話給我。」

「謝謝你，安東尼，你人眞好。」

幾個月後，我在郵件裡收到一張卡片。

親愛的詹姆斯：

我和兒子傑森參加過九月份你在紐約的活動，當時我兒子難過得跑了出去，所以我想你可能還記得我們。從那之後，傑森每況愈下。他夢到你在通靈時提到的那三位死去的飛行員，遺憾的是，他開始服用鎮痛劑和抗憂鬱藥物。有一天，我在工作結束回到家時，發現他躺在床上。他死了，旁邊有一張自殺字條。我影印了一張給你。我得知傑森和一場意外錯打自己人的任務有關。他非常焦慮不安，無法原諒自己。我常怪自己把他帶去參加你的活動，但他已經沮喪很久了。詹姆斯，我知道我兒子的事不是你的錯，但我還是想讓你知道他怎麼了。

莎莉・托利謹啓

震驚之餘，我難過地拿起自殺字條的影本，上面寫著：

媽：

我再也無法在明知自己殺了三個弟兄後還繼續這麼活著。我很沒有男子氣概地把他們的死都怪到別人身上，把責任撇得一乾二淨。我對自己讓大家這麼失望感到萬分歉疚。我愛你。

傑森

我感到震驚，也有些心力交瘁，我呆坐著好一會兒。然後我想起安東尼給我的名片。我立刻到名片盒中找出安東尼的電話號碼，我打了過去，說明發生的事。

大約一年後，我在另一場活動上遇到安東尼。「嘿，詹姆斯，你還記得我的弟弟路易斯，還有你爲了那個海軍士兵打電話給我的事嗎？」

「當然記得，安東尼。」

「喔，我弟弟路易斯說的沒錯。他說我拿了錢是眞的。但我把錢拿走其實是未雨綢繆。無論如何，在你打電話給我，告訴我那個年輕人的事之後，我很想做點什麼。可憐的孩子，他和很多士兵一樣茫然。所以我把存起來的那筆錢，成立了一個組織，照顧有創傷後壓力症候群的退伍軍人。」

我好驚訝。「我眞以你爲榮，安東尼。眞有你的！」

「我就知道你會這麼說。我猜路易斯也會很高興。」
「我想高興的人一定不只他一個。」

傑森因爲自責而忐忑不安，所以不斷往下墜入一個異常黑暗的地方。我們全都能從他的身上學到一課：那就是**你**，只有**你**，有讓自己生命往前邁進的力量。你不必覺得自己是生命境遇的受害者。傑森無法掌控作戰時的意外，但罪惡感卻在他的靈魂製造出極深的傷口。因此，請不要再爲了你生命裡的問題自責，也不要再埋怨養育你長大的親人、老師、上司或社會的某個特定階層。你反而要保持健康的心態。這是讓自己從深淵提升到喜悅層次的唯一方法。

很多人都難以原諒自己過去的錯誤。但在釋放怨懟和受害者心結這部分，寬恕扮演非常重要的角色。如果傑森能夠意識到他只是一個廣大得多的全貌的一小部分，同袍的死對他們各自靈魂的最終成長是必須且自然的事，或許他至今仍在人世。傑森必須原諒自己，無奈這對他來說是太過艱難的一課。他的靈魂勢必會在另一世重修這個課題。

第五章　寬恕和忘懷

寬恕不是一種臨時起意或偶一爲之的行爲；它是恆久的態度。

——馬丁・路德・金恩

除了愛，寬恕是我們所擁有最強大的靈性工具。透過寬恕，我們眞的可以改變宿命，改變世界和自己。如果受傷後任由傷口潰爛，傷痛會惡化成怨恨。我一次又一次看到沒有處理的怨恨成爲毒害人們的障礙，凡有怨怒的地方，所有的生命都會窒息。我也目睹過曾經充滿關愛和愉悅的友誼變質爲憎恨與仇視，只因雙方都不能寬恕。

所以，什麼是寬恕呢？寬恕是我們給自己的禮物。這是一個有意識的選擇，下定決心要擺脫怨恨或是彼此報復的念頭。寬恕是我們在能量上釋放自己，不讓思想和感受依附著令我們不快的人事物。選擇寬恕並不會因此減輕冒犯者的責任，也不是顚倒是非，合理化對方的行爲。確切來說，寬恕是讓我們自身免於負面的思維。

人類毫無疑問是慣性的動物。我們喜歡抓緊事物；我們不一定會渴望改變。會傷害我們的人通常是和我們關係最親密的，諸如伴侶、朋友、家人和同事。我們愛這些人，也信賴他們，認爲在他們面前少點防備也無妨。我們相信他們絕不會傷害我們。然而，在某種意義上來說，我們這樣是註定讓自己受傷。因爲當對這些人懷有特定的期望時，只要他們表現出他們眞正的自己而非我們所期待的樣子，我們就會不開心。我們往往將自己的理想投射到朋友和家人身上，但那卻是他們永遠也達不到的目標。一旦事情沒照原先規劃的進展，我們便覺得受傷、覺得遭到背叛和拒絕，或被侮辱，我們於是很難寬恕對方。

許多人相信，只要原諒某個做錯事或傷害我們的人，自己就是讓步了，輸了。我們覺得原諒做錯事的人，等於給了那個人再次傷害我們的許可。同時，藉由不原諒犯錯者，我們似乎擁有某種自我公義和大過那個人的力量，換句話說，就是「你錯了，我才是對的」。我們想給對方教訓，讓他學到一課。然而，緊抓著怨恨不放，到頭來只會讓自己懷有更錯誤的期望。我們希望自己的不原諒能讓對方感到歉疚，不再做出同樣的事。不幸的是，這通常是白費力氣，即使有用，靈性的課題還是要眞正學到才行。如果要一段關係或某個情形改變，我們必須要願意表達自己的想法。若是對方不思改變，我們也必須接受事實，繼續往前邁進。

另一個人們不寬恕的原因是因爲人類會很自然地落入生存模式。生對方的氣讓我們的小我自動感覺良好。這是因爲生氣的時候是小我在掌控局面。當我們繼續生對方的氣，我們就覺得自己居於主導地位。

人體有三大情緒中心，分別是下胃部、太陽神經叢和心臟。當我們無法寬恕，怨恨會停駐在其中一個或一個以上的能量中心。每當我使用靈視力，我能清楚看到人們的能量中心，也看得到能量是否照它所應該的在體內往上流動穿梭。這就像是在看水的流動。我可以接收到一個人的能量流，觀察到任何阻礙流動的堵塞。我無法告訴你有多少次我目睹個案胃部出現咖啡色不勻稱的斑點，或是心臟周圍有一小塊的灰色。這些情緒堵塞若是得不到疏通，很有可能體現為生理上的痛苦或疾病。

既然寬恕對我們的身心具有如此戲劇性的效果，為什麼我們還那麼難以原諒自己或他人？當我們死去的時候，我們帶著沒能寬恕的強大效應到另一個世界，在那裡我們可能會對自己在人世尚未解決的情況念念不忘。同時，尚在人世的那方也會感受到一直不被寬恕的感覺。

雙胞胎

我們永遠不知道自己這一生為何會出生在某個家庭，或是面對各類不同的境遇。可是，當我們從靈魂的觀點去看待生命，我們會意識到，早在進入這一世之前，我們就已選擇要和某些人一起體驗某個特定情境。以下的通靈即描述了兩個靈魂如何選擇回到人世，並在這一世教導彼此靈魂所需的課題——寬恕的力量。

「我可以過來找你嗎？」我指著一位看來年近六十的金髮婦女問道。

她的反應與許多觀眾如出一轍，先是看看自己的左右兩邊，然後望向我，又指指自己。

「你是說我嗎？」她用詫異的語氣問道。

「是的，就是你！」我回答：「有兩個女人站在你後面。其中一個是清瘦的老太太，她一邊吞雲吐霧，一邊謝謝你替她帶來的香菸。你清楚這個狀況嗎？」

「噢，天哪，那是我的麗塔阿姨。她罹患肺氣腫住院的時候，我常偷渡香菸給她。」

「喔，這樣做不太聰明吧。」我開玩笑道。

「噢，這個嘛，她那時反正也差不多要解脫了。我只是想做點會讓她開心的事。」

觀眾迸出笑聲。

我微笑，繼續說：「她很有個性。她正在告訴我，她幫忙撫養你長大。你對她來說就像她的女兒。」

她沒想到我會這麼說，聽了很驚訝。

「請問你怎麼稱呼?」

她回答:「我是貝姬。」

就在那時候，我以為自己的眼睛出了什麼問題。因為在貝姬的正後方，麗塔阿姨的旁邊，另一個靈魂呈現出和貝姬一模一樣的形影，只是比較年輕。我立刻從這個靈魂的能量覺察出她是死於癌症。麗塔阿姨似乎在鼓勵她與貝姬重修舊好。

「貝姬，你是不是有一個死於癌症的雙胞胎姊妹?」

瞬間，貝姬的態度整個改變，她似乎把自己封閉了起來，宛如鑽進一個洞裡。

「對，我的妹妹潘五年前罹患乳癌過世了。」

我看到貝姬的話讓那個靈魂的能量亮了起來。然後貝姬的雙胞胎妹妹開始傳送思緒和感受，要我傳達給貝姬。

「潘傳送了懊悔的念頭給我。她對你們之間發生的事情感到很歉疚。她要求你的寬恕。」

貝姬回答:「隨便啦!」邊說邊用一手在面前揮舞著，做出打發人的手勢。看得出來，貝姬很難把潘的懇求聽進去。

「她說她早該知道的。她應該要打電話給你，應該拿錢幫助你。你們浪費了好多年。」

這位上了年紀的婦人的開始淚眼汪汪。她從皮包抽出面紙。「太遲了。對我來說，潘十年前就死了。她什麼都沒留給我。她偷了我媽的東西。她是個騙子！」

貝姬這些年來顯然緊抓著受到的傷害不放，而我感覺這只是冰山一角；這兩個女人之間有很深的心結。但首先她必須解決眼前的問題。

「她眞的需要你的原諒。不只是爲了她，也爲了你自己。你的憤怒開始影響到自己了。」我說。我看到她的胃部上方有深灰色的堵塞。「你這幾個月是不是有消化方面的問題？」

貝姬只是點點頭，表示確認。

潘的靈魂傳送給我強大的來自天國的神聖思緒，還有她回到靈界後的種種畫面。我試著盡快把她灌注到我心裡的印象口述出來。

「潘進入靈界的過程對她似乎相當自然和眞實。某些方面，事情在那裡要容易得多，但在其他方面則不然。她必須誠實地看自己，就跟所有進入那個國度的人一樣。每個人都會看到別人的本貌。你們的外表雖是雙胞胎，卻是相當不同的兩個人。」

「對，沒錯。」

「潘告訴我，你們在前幾世都有很深的愛和很強的靈魂互動，所以決定這一世要回來解決你們的業，一同分享靈性的課題。你們是來瞭解彼此的人格特質，學習瞭解對方的渴望和需求。在許多方面來說，你們是兩個對立面。然而，就像一個整體的兩半，你們讓彼此變得完整。」

有個新念頭進入心裡。「你們是不是去過南非？」這個問題似乎令貝姬感到困擾，但她也很好奇。

「你會這麼說還眞是有趣。自從學了地理後，我和潘就很想去南非。我們以前常常懇求老爸帶我們去。這眞的太不可思議了。」

「潘要你知道，你們前世是約翰尼斯堡一個挖鑽家族的成員，家裡非常有錢。」

「噢，天哪。」貝姬回答：「這眞是令人難以置信！」

接著潘給我看一顆鑽石的畫面。

「你們這一世是不是有過跟一顆或不只一顆鑽石有關的問題？她沒有跟你分享嗎？」

看到貝姬臉上的表情，還有她旁邊女子的臉，我想她們兩個都快要昏倒了。

「噢……哎呀。這太令人驚訝了。她偷了我媽媽的鑽石手鍊，還有其他東西。」

「她十分抱歉，希望你能原諒她。她說，它們就只是東西。她想要你瞭解背後的動機，還有你們前世共同的歷史。」

「你這麼說是什麼意思？」

「在約翰尼斯堡那一世，你是她的父親。你有好幾個女兒，她是你的最愛，你連挖鑽的時候都帶她一起去。每天晚上，你會把一顆小鑽石放到一個指定給她的小袋子裡。你答應她，等她長大以後，你會替她做一條漂亮到像是女王戴的手鍊。可是，有天早上她醒來後，你、鑽石和家人的所有財物通通不見了。她用盡一生的歲月去找你，也就是她的父親，卻始終沒能找到。她死的時候又窮又沒有人愛。當你們決定以雙胞胎的形式轉世時，曾經約定再也不要離開對方。」

這段話似乎令貝姬難以消化。她長嘆了口氣，坦承道：「我這一輩子一直都想和潘在一起。我們曾經是那麼的親密，但有一天她卻不告而別，我好生氣。接著，我又發現她不只是走人而已，還偷了我媽媽的鑽石手鍊。」

我請貝姬從一個較高的、靈性的觀點來看這個情況。「你們兩個理應是要學習分享和寬恕。你們重複了南非那一世所發生的事。現在你們必須再來學習這個課題。」

聽到我的解釋，貝姬大感震驚。「我感覺好糟。我很抱歉，潘。你能原諒我嗎？」

「她已經原諒了。」我說：「她非常愛你。她請你記得打電話給她的兒子麥可。」

「真的嗎？他會和我說話？」

「她說會。她去過麥可的夢裡，叫他找你。她要你收下她仍然放在櫃子裡的一雙紅鞋。你會在紅鞋裡找到那條手鍊。」

這次的通靈令包括我在內的現場每個人驚愕不已。超越死亡和前世今生的愛是那麼豐沛，我深深地受到感動。貝姬用淚水盈眶的雙眼看著我，表情像是剛剛發現了新生命，而她也確實如此。

在我和靈魂的合作中，有許多次靈魂之所以出現，都是爲了讓他們所關愛的對象，原諒過去曾傷害過他們的人。靈魂這麼做有個非常好的理由。貝姬多年的怨恨對她的情感、心理和生理健康都造成了問題。她的消化系統一團混亂，心情憂鬱且充滿壓力。當我們賦予這些負面情緒足夠的力量時，它們會以很不健康，在某些情況下甚至造成生命危險的方式出現。寬恕最重要的部分，就在於釋放與情境或人物相關的負面特性，並且把愛帶進來。愛是地球上最崇高的療癒力量。寬恕和愛是攜手並行。接下來的故事就彰顯出這點。

最大的禮物

搬到洛杉磯之初，我曾在中途醫院（Midway Hospital）做非固定的文書工作。由於我從來沒有想要在醫院上班，我納悶自己爲何會接下那份工作，更奇怪自己爲什麼會繼續做到了固定職。回顧過往，我現在瞭解我從醫院的工作中學到了很多課題。你從以下的故事便能瞭解，我在那裡學到了大概是人生最豐富的一課。這個與寬恕有關的特定課題，帶給我極大的喜悅。

在醫院，週三通常意謂著要去病歷室整理檔案。這個工作雖然有些單調，但因爲兩點的時候有位特別的義工會來，我對下午的時光充滿了期待。從以前到現在，中途醫院的義工（以及所有醫院的義工）都很了不起。這些活力十足的年長市民團體，若不是負責服務台和禮品店的工作，就是在辦公室提供協助，他們還會做醫院職員需要幫忙的雜務。這家醫院位於市內以猶太人爲主的費爾費克斯區（Fairfax），義工自然也以猶太人居多。在醫院工作期間，我和許多義工變得熟稔，尤其是一位名叫亞特的義工。亞特都在週三下午到醫院，然後連著幾小時幫我在檔案夾上貼標籤。我們對人生常有熱烈的討論，共處的時光持續了好幾個月。

一個十一月的下午，亞特沒有照他平常的時間出現。當下一個週三下午也不見他的人影時，我問主管：「你知道亞特在哪裡嗎？」

她回答：「你沒聽說嗎？他病了，住進了三樓病房。」

我利用休息時間到三樓找亞特，沿著走廊到了他的三〇七號病房，看到他坐在輪椅上。當我走進病房時，他帶著與往常一樣的愉快心情迎接我。「你好啊！我親愛的男孩吉米！（譯註：Jimmy，詹姆斯（James）的暱稱。）」

「你怎麼了？亞特？」我問。亞特看來毫無病容，我不免有些困惑。

「我有癌症。」他回答，說著便咳了起來。回過氣後，他轉向我，用粗啞的聲音低聲道：「吉米，你能幫我一個忙嗎？」

「當然，亞特，爲了你，什麼都可以。」

我對他充滿了同情。過去這一年來，亞特曾跟我說過，他的身邊沒有任何親近的家人，他們大多過世了，不然就是住在歐洲。我感覺自己對亞特來說像是替代的孫子，我們之間情同祖孫。

「吉米，你認識在禮品店工作的班·席爾瓦嗎？」

「當然認識啊。」

「你有空的時候可以帶他上來找我嗎？」

我點頭。亞特又開始咳嗽。我揉揉他的背，再次承諾我會帶班過來看他。

到了下週，我先查看班是否在禮品店。他在。我走了進去，說道：「亞特想找你。你願意跟我一起去一下他的病房嗎？」

班一臉困惑。「可是我不認識亞特。他爲什麼要找我？」

我無法回答班的問題，只是聳聳肩說：「我想他一定是認爲這很重要。」

進入亞特的病房時，我被他的外貌嚇了一大跳。才不過好幾天沒見，他就瘦了好多，形容枯槁，只剩下個外殼。我幾乎認不出他來，他當然也已不像我所熟知的那個開心的亞特。病房裡瀰漫著死亡的氣息，加上監控器的嗶嗶聲，以及覆蓋住亞特嘴部的呼吸器的喘息聲，形成一個令人惶惶不安的場景。我看得出來，班感覺很不自在。

我們雙雙走到亞特的病床旁。病人似乎睡著了，因此我彎下腰，非常輕柔地喚著他的名字。亞特睜開眼，左顧右盼，然後才定睛在我的臉上，他好似沒認出我。

「嗨，亞特。是我，吉米。記得我嗎？」

亞特看著我的樣子宛如從未見過我。然後他的臉上閃過一陣恍然大悟。「吉米，吉米，你有去嗎？你把他帶來了嗎？」

「是的，亞特，他就在這裡。」

班走向亞特，幾乎是對著他的耳朵大喊：「你好，亞特。我是班。很高興認識你。你好嗎？」

亞特抓住班的手緊握著。他開始掉淚。「班？是你嗎？」

「是的，亞特。我能爲你做什麼嗎？」

「你是猶太人嗎？班？」

這是個怪問題，畢竟義工幾乎全數來自當地的猶太會堂。我很想知道爲何這對亞特是如此意義重大。

「是的，亞特。」班回答：「我當然是。爲什麼你這麼問？」

我拉了一張椅子到床側，好讓班能坐下來說話。我一邊看著這兩位老先生，一邊專注地聆聽亞特對班說著含糊不清的話語。

「什麼？亞特？我聽不清楚。大聲點。」班說。

「我想讓你知道我很抱歉。我好對不起你。能不能請你原諒我？我需要得到你的寬恕，沒有得到你的原諒我不能死。」亞特懇求。

「你在說什麼？」

「我需要你的原諒。」

「好，我原諒你，我原諒你。但原諒你什麼？你做了什麼需要我的諒解？」

亞特透過機器深呼吸了幾口氣，然後輕輕地說：「我很抱歉。戰爭時，我在波蘭住過。」

班的眼睛亮了起來。

亞特低下頭，凝視著蓋在床上的床單。「我爲納粹黨衛軍工作，殺了很多猶太人，我從來沒能原諒自己。我錯了，我好抱歉。」亞特的雙眼滿是淚水。

亞特的自白讓班和我都震驚不已。

「我眞的需要你的原諒。拜託。」

班放開亞特的手，往後坐回椅背，臉上是一副全然不敢置信的神情。

接著，班低語道：「我媽媽、我爸爸、叔叔、姑姑和堂兄妹們都在集中營被殺害。我有好多年都鄙視你們這些人。」

班低下頭來，淚水止不住地掉。過了幾秒鐘，他抬起頭來，抓住亞特的手。

「好，亞特，我可憐的朋友，我原諒你。我眞的原諒你，也原諒那些讓你把心關在監獄裡的人。如果我無法原諒你，那我就跟你殺了我的家人時一樣有罪。好，你得到寬恕了。」

我無法相信自己目睹兩位老人家之間這了不起的一幕，不禁淚水盈眶。

兩個男人在靜默中坐了一會兒。然後班站起身來，拍拍亞特的手，離開了病房。我走向亞特，撫摸他的額頭。我知道他很快便會與世長辭。

「再會了，亞特。」我說。

他睜開雙眼，望進我的眼裡。「再會了，吉米。謝謝你。」

寬恕和釋放自我、放下掌控有關，也因此是人世層面上最難學習的課題之一。然而，寬恕對生命各方面所具有的戲劇性效應，卻強大到難以形容，即便寬恕是在生命的尾聲發生，一如亞特的例子。

當我們原諒別人，快樂和健康的門便會開啓，帶來滿足、喜悅和慈悲。因爲寬恕，亞特和班的靈魂終能從傷害他們一生的暴行中得到釋放。

來日再相見

在我的工作坊和現場示範中，有很多人分享他們無法在親友過世時陪伴在側的悲傷故事。這些人往往沉溺在自責的心態和情緒裡，久久不能或不願原諒自己的缺席。一次又一次，他們問我：「我太太（或先生、姊妹、母親等）知道我是要去的嗎？她（或他）能原諒我沒能及時趕到嗎？」

以下故事所分享的就是對這類情況的洞見。如果你也處於類似的心態和情緒，我誠心地希望，下面的訊息能帶給你心靈的平靜，讓你能夠原諒自己的缺席。

我參與「歡慶你的生命」（Celebrate Your Life）大會已有十三年之久，有一年我擔任主講，那場活動觀眾超過了一千五百位。當傳遞靈界訊息進行到一半時，一個穿著綠色恤衫和卡其褲的靈魂出現在我面前。他告訴我，他太太在觀眾席上，他需要立刻傳達訊息給她。她的人生在瓦解，我需要阻止她用思想創造出更大的傷害。他傳給我一個醫院的畫面，我於是跟觀眾分享這個景象。

「這裡有位男子的太太日子過得很不好，生活陷入麻煩。他給我看聖喬瑟夫醫院。請問這對誰有意義嗎？」

我注視著群眾。一位留著棕色短髮，戴著深色鏡框，穿著粉紅色印花上衣的女人站了起來。

「我想是我吧。我先生過世了。他是在聖喬瑟夫醫院走的。」

「他說車庫裡還有他的高爾夫球桿。」

這個訊息更加確認了他們的關係，她立刻回答：「沒錯！我今天早上還在看著它們，想著是否應該送給別人。」

靈魂接著給了我一種沉重和了無生氣的感覺，像是被下了藥。我意識到他的血中有棕色的微小斑點，同時體驗到他死前的感受。

「我感覺他在離開身體前使用了很多藥物。對嗎？」

「對，沒錯。」

「他的血充滿了褐色的斑點。這對我通常代表癌症或血液方面的疾病。」

「對，他罹患了前列腺癌。」這位女士說她名叫雪莉，接著她的情緒開始激動起來。

「你先生告訴我，你的生活失去了控制。是嗎？」

「是的。我想你可以這麼說。我好想念他。請你跟他說。」

「你可以自己告訴他，雪莉。他一直都聽得到你的想法。」

她點頭。

「你一直在吸引一些非常負面的人進入你的世界。你先生告訴我，你生活裡的某個人剛偷了你的東西。」

雪莉垂下視線。她明白這段話的意思。

「你先生跟我說，你之所以把這些人帶到自己的生活，是因爲你覺得自己沒有價值，認爲自己不配更好的。你不關心自己。是這樣的嗎？」

「對，他說得沒錯。我同情一位沒有地方可以去的男士，把他當成朋友，甚至把家裡的一個房間給他住。有一天我回到家，卻發現他離開了，還帶走很多我的東西。」

聽到這裡，觀眾發出噢的一聲，表達他們對她做法的不贊同。

雪莉的先生很快補充了其他的事。我問她：「你爲什麼要因爲你先生的死而責怪自己？」

「他會原諒我嗎？」

「他問你，原諒你什麼？」

「他死的時候我沒有陪在他身邊。我沒來得及回到醫院。我想他一定很氣我沒有送他最後一程。他知道我有多麼內疚嗎？我感覺好糟，一直無法原諒自己沒有陪他走到終點。」

我完全能夠同理這個可憐的女子。有許多活著的人都因爲親友過世時自己不在場而感到罪惡。但我從多年的通靈經驗得知，每個人都是在神聖的指引下過渡到另一個世界。如果我們註定要在所愛的人過世時陪在他們旁邊，我們會在場的。反之，如果我們不在場對那個人的靈魂過渡比較好，那麼我們就不會在場。我們必須記得，生與死是在靈魂層面上所做的決定，它通常不是在實體世界的我們能意識得到的事。我常對大家說，每個人都是獨自來到這個世界，走的時候也會是一個人。

我的視線又回到雪莉身上，我繼續把她先生的想法傳達給她。「你先生要你瞭解沒有什麼需要原諒的。請你，請你，不要責備自己沒有陪在他身邊。他現在在靈界，所以對每件事的感受都會加倍強烈。他感受到你的自我厭惡，而他又是那麼愛你，所以他感覺好糟。他說他想幫助你瞭解，你沒有必要責備自己。事實上，這會讓他更難受！」

接著，我轉向觀眾，對他們解釋：「假如你不在這件事上原諒自己，你會讓自己往下墜落到另一個層面並吸引到較低的元素。這就是雪莉一直以來的情況。」

我告訴雪莉：「請答應你先生的要求，不要再爲了他臨終時不在場而自責。」

「好，我會的。」雪莉向我保證。

幾年後，我在巴諾書店辦簽書會，雪莉走上前來，提醒我曾爲她先生傳達訊息的事。「你幫助我回到生命的軌道，我對你眞的太感謝了。在那次大會之後，我坐下來寫了一封信給我先生，開始原諒自己。」

雪莉告訴我，在那之後，她感受到自由。她因此能夠做更好的選擇，吸引正面和充滿愛的事件到她的生命裡。

「那次通靈之後，我收了一位女室友，她成爲我最要好的朋友之一，我們還一起成立了一個事業。」

雪莉轉向旁邊一位高頭大馬的男子。「詹姆斯，這位是塔德。」

塔德和我握手。

雪莉又說：「因爲新的事業，我認識了塔德。我們已經交往幾個月了，大概會在明年結婚。」

我看著她說：「我想你先生一定非常開心。」

雪莉不再爲了超乎自己所能控制的事情自責，人生也因此有了改善。

大家常問我如何才能寬恕，是否眞得和對方說上話等等。寬恕的方式有很多種。就像雪莉，你可以寫一張卡片或一封信，向對方表達你的感受，不論那個人仍在世或是已經辭世。你也可以寄送一張圖片，藉以表達你的感受。你可以買一個對方喜歡的禮物，也可以觀想你們的關係正在療癒。我常在冥想的時候想像一顆美麗的綠色療癒水晶球從我的心裡浮現，然後把某個人或情境放進水晶球裡，讓療癒的能量直接進入那個人或情境中。

寬恕之後，是否就可能忘懷？有好多人說：「我可以原諒，但不能忘記。」寬恕對方就是容許對方是個人類，換句話說就是有缺點，會犯錯。我們可能忘不了那個情況，但我們可以忘掉那個情況對自己與對方關係所產生的效應。放下需要報復的心態就是願意忘記。這是鼓勵、支持和強化的舉動，容許對方重新建構，重新連結，並與你，與其他人，在一個大家都能自由欣賞、感謝與分享天賦、才華及技能的世界裡，重新建立起一個愛、關懷和健康的關係。

自我寬恕是你所能給予自己最大的禮物之一。當你感覺自己是完整的，你就知道傷口已經癒合。那個緊抓著怨恨與自責的自己，現在可以成爲一個整體。當你原諒自己，你便能回到眞正的你，再度掌握自己對生活的反應。

晚上睡覺之際，我想著寬恕這一章，心中忽然冒出一個曾與我有過不愉快的朋友。在慢慢進入夢鄉時，我邊請求能有寬恕朋友和自己的力量。醒來後，我意識到有件出乎意料的事發生。我並沒有夢到那個我要求寬恕的人。反而，我重複夢到那位神秘男子；那個我試著分析和理解已有一段時日的夢境。而我當時並不知道我即將對靈界和自己產生一種全新的認知。

第六章　業

人生最重要的事是學習給出愛，並且，接受愛。

——《最後十四堂星期二的課》主角墨瑞．史瓦茲

如你所知，夢是沒有時間感的。夢中的時間對我們來說猶如一眨眼。上回在夢中見到的男子又出現了。這次我看清楚他的臉了。我曾經看過這個人，但想不起來是在哪裡。他在對我微笑，我發現他身後還站著別人，每個人都洋溢著喜悅和快樂，宛如是某種團聚。我迫不及待想加入他們，成爲這個團體中的一員。我知道也感受到自己接收到一個訊息，但我不確定內容。內心深處，我知道我曾和這群人在一起，彼此之間有共同的業。

然後，事情就這樣發生了！我突然置身在一間病房，看著對面的一張病床。床上躺著個女子，她正和那名男子和那群人說話。接著，在瞬間，她飄離了肉體，加入這一群人。夢裡的我正目睹死亡的經過。我納悶爲何會如此。感覺是象徵性的，但又像是爲了某種原因才讓我看到這一幕，彷彿某人試圖在對我表達什麼。我仍然不明究理。雖然看不清楚那

女人的臉，但不知怎地，我覺得我認識她，也覺得我和她之間有著正向的業力連結。她到底是誰？然後，一如開始時那麼快速，夢說結束就結束了，而我依舊是一頭霧水。

過去三十年間，業的概念逐漸進入美國主流文化，不過大多數人把業想成是某種懲罰，對它仍沒有眞正的瞭解。業並不是懲罰；它是源自於古老印度信仰的概念，與行動的結果有關。業的概念是許多宗教思想體系的一部分，包括了印度教、耆那教、錫克教、佛教、唯靈論（spiritualism）和眾多新時代哲學。即使是在聖經裡也有它的身影：「人種的是什麼，收的也是什麼。」（《加太書》新國際版第六章第七節）儘管各個宗教傳統對業的解釋略有不同，背後的概念基本上並無二致。業被定義爲行動的成因和結果，換句話說，一個人選擇去做的事將界定出他的靈魂在現世或來世所必須經歷的情境。

業向來與另一個古老概念交織在一起——輪迴。全球大多數的人都相信有輪迴，基督徒除外。西元三二五年的尼西亞（Nicea）會議將重生的概念從基督教義中剔除。我們可以推論原因，但我相信那是因爲教會父老不接受輪迴。他們想要當下就能控制信徒，不讓信徒相信自己可以在另一世再來贖罪。

一千多年來，業的宗教面向一直被誤解爲道德法則。事實上，業和道德無關。它只是宇宙自然的因果法則。簡單來說，你付出什麼就會得到什麼。你做了一件事就一定會產生一個結果。如果有什麼事發生，一定是因爲某件事或某個人造成。舉例來說，你因爲闖紅燈，所以被一輛有先行權的車子撞上。這就是業。一旦瞭解業的完整概念，我們會意識到人生是操之在己，每一個人都要完全爲自己的人生負責，而人生其實就是我們用思想、言語和行爲所創造出的一切。

我個人對業的觀點匯集了各派教義，再融合了我從靈界學到的相關知識。靈界似乎對業的看法和評斷無關。業是中性的，它純粹是一個學習和得到經驗的工具。所有的選擇若非從愛出發，便是源自恐懼。愛是純粹的高能量，恐懼則是較低且分裂的能量。我們通常會以正面或負面來指稱它們的特質。

靈魂來到地球是爲了學習各種不同類型的課題。靈魂需要從各個面向去完整地瞭解某個經驗。有些靈魂可能必須學習無私，於是他們的高我，又稱靈魂意識，就可能把自己放在一個必須付出超乎自己覺得自在或心甘情願的程度的情境裡。其他靈魂可能會是在不可思議的富裕地位。每一個人的課題是去檢視自己在特定情境下會做些什麼。富人會與需要的人分享金錢嗎？還是害怕財富會有用完的一天而緊抓著不放？生活貧困的人能否突破他們的心理舒適區，克服人生的障礙與限制，獲得成功？

有很多人把業和命運或宿命混爲一談。請注意，這兩者大不相同。命運或宿命可以改變，業則不然。舉例來說，某人註定會是一位成功的知名歌手，但他必須努力解決或釋放過去的業，擺脫成癮問題。如果他這一世再度選擇酗酒，那麼他就沒有學會業的課題，宿命也將因此改變。相反的，他若能克服酒精上癮的問題，學會了他的業的功課，那麼他就能夠實現宿命。當然，我們沒有辦法**證明**業的存在，但只要做了選擇，就一定會有個後果。而既然我們不斷在創造業，改變未來的能力其實就在自己身上。如我說過許多次的，我們對自己的行動和它們所帶來的結果負有責任。換句話說，如果你打破東西，你就得賠錢！

是巧合還是業？

大多數人都會把贏得樂透、想到某個朋友結果那天就遇到他／她，或是在偶然逛進的商店裡找到理想禮物之類的事當成巧合。但我相信，沒有巧合這種事。儘管我們很想相信世上有巧合，然而沒有什麼眞的是偶然發生。業並不是機率，它是事情背後的推手。

前不久我去了紐約一趟，在當地停留的期間，我遇上一連串相當難以解釋的情況。記得有天我從曼哈頓市中心的飯店窗戶往外看，大雨正對著城市傾瀉。當時是早上十一點，我和朋友約好在二十個路口外的地方共進早午餐。

我走出飯店，問門房：「你想我叫得到計程車嗎？我和人有約，可是現在已經遲到了。」

他說：「不，范普拉先生，這種雨勢不可能叫得到車。不過你可以試著走到第六大道上招車。」

「謝謝。」我開始在傾盆大雨中快步沿街前進，邊走邊默默地在心中對朋友已過世的先生傳送訊息，我問他是否能幫我派來一輛計程車。我不確定他從那較高的位置是否可能幫這個忙，然而走到轉彎處時，我在猛烈的大雨中舉起手，一輛計程車便突然在我面前停下。我很驚訝，同時也覺得感激。我很快地打開車門鑽進去，同時讚美司機幾句，謝謝他停下來載我。我已經養成一個習慣，在旅程中所經過的地方，為每個遇到的人帶來一點陽光和鼓勵。

「你是哪裡人？」我問司機。

「齊浦爾。」他用輕快的印度口音回答。

我開始聊起我在紐約期間都在做些什麼，他也說到他這個早上大多在甘迺迪機場排隊候客，還有在那裡遇到了哪些狀況。「脾氣暴躁的人好多！」司機對我說。

我跟他開紐約客的玩笑，他聽了哈哈大笑。

當他在我的目的地停車時，我說：「謝謝你，很感謝你安全地把我送到這裡來。車資多少？」

他轉過來對我微笑。「免費。你讓我的心情變好許多，給了我美好的一天，所以我不收你的錢。」

我在紐約長大，過去三十年間也往返東西兩岸，我常和司機聊天，但破天荒第一遭聽到司機這麼說。

我回答：「不，你眞是太好心了，我很感謝你有這個想法，可是我想對你的工作表示一點敬意。」

語畢，我從口袋裡抽出皮夾，卻發現我離開飯店時忘了帶錢！想到要跟司機解釋這事，我的臉立刻脹紅。然後我突然間往下看，看到座位上有張銀行卡，外頭還包著幾張二十美元鈔票。我仰頭看著天，說：「謝謝你。我會還錢的。」我抽出一張二十美元付給司機，回到飯店後立即打電話通知銀行有人掉了卡。好，這是個巧合嗎？

隔天在城裡，我的筆記型電腦停止運作，我必須買顆新電池。我問飯店櫃檯人員：「這附近有電腦店嗎？」

他說：「麥迪遜大道和六十一街口有一間。」

我朝著麥迪遜大道走，但在途中我的心思變得一片空白，忘了要走哪個方向。我請指導靈給我一個徵兆，好讓我知道自己沒有走錯路。接著，我抬起頭來，看到哈珀哥林斯大樓（HarperCollins）就在我的面前。哈珀哥林斯是美國一家很棒的出版社，你正在閱讀的這本書就是它出版的。於是我知道自己走對了方向。這是個巧合還是來自靈界的徵兆呢？

回到洛杉磯後，我必須要去聖塔莫尼卡的奧林匹克大道一五二〇號，與一位名叫湯姆・波恩尼爾的製作人碰面。由於我不是很熟那一帶，於是我把地址輸入車上的導航系統。朋友布萊恩坐在我旁邊，他陪我從橘郡的家出發，一同展開這趟北行九十分鐘的路程。當我們靠近聖塔莫尼卡的目的地時，衛星導航系統報告：「您的目的地就在右邊。」然而，環顧四周，我們卻不在奧林匹克大道上的約見地點。相反的，我們在一家電視攝影棚前。那可不是隨便一家電視台攝影棚，而是E！娛樂頻道錄製《雀兒喜脫口秀》（*Chelsea Lately*）的攝影棚。

「我太驚訝了！」我尖叫道：「我明天就要來上這個節目！」（我預定擔任節目來賓。）至於我和湯姆約見的餐廳，那根本是遠在二十個路口之外。

這是個巧合嗎？我要怎麼解釋導航系統把我帶到隔天才要去的地方？

朵洛莉絲・諾斯是我最早認識的幾位靈媒之一。她告訴我的一段話至今我仍謹記在心，並對我所有的學生引述。她說：「如果你正在你注定要去的路上，所有的事情都會按部就班井然有序；那是宇宙在對你說話。如果你走岔了路，那麼沿路必定遭遇重重障礙，而那也是宇宙在教你停、看，問問自己是否在你該在的地方。」在一次又一次體驗到這段話的眞實性後，我認爲我們確實有特定的宿命，而我們可以順著路走向它，也可以轉頭去做完全不同的事。這是我們的自由意志。不過這個概念並不會阻礙我們經歷自己的課題，不論它們是困難還是簡單。畢竟，我們來到塵世是為了擴展領悟並成長為偉大的靈魂，所以課題是必須的。

最後，靈界會插手我們的日常生活並協助我們往命運前進嗎？靈魂能助我們一臂之力，促使好事發生嗎？他們是否也能防止可怕的經驗發生？我問過這些問題，而靈魂給我的答覆永遠都一樣。靈魂一致表示，他們絕不能干涉業，因為業是靈魂學習課題所需事件的自然發展。然而，靈魂確實能**影響**一個人以愛去做出選擇，但最後做決定的仍舊是我們自己。

大家常問我，為何人生的一切如此艱難。我告訴他們，學習從來就不是件簡單的事。凡是替我們帶來最大麻煩的處境和人物，也都是我們生命中最偉大的老師。為了面對逆境或是克服某個情況，我們被迫深入自己靈魂深處，挖掘出我們可能從未經驗過的勇氣與能力。我們之所以會在人世，為的就是想達到最大程度的成長和領悟，靈魂雖然希望我們成功，但他們不能給我們課題的答案。靈魂對我們在塵世的情況非常清楚，他可以引導我們走上正確的方向，但我們必須要對所有的選擇開放，並透過愛做出決定。接下來的這場通靈清楚地顯示這一點。

來自兄弟的指引

這個通靈發生在我很受歡迎的靈性郵輪之旅的某回旅程。在旅程途中，我每天都進行現場示範，有一次剛完成集體冥想，我注意到右手邊的觀眾群中有名紅髮男子一直很有耐性地坐著，他的身後有團亮眼的白光。靈媒通常把這種光稱爲靈光，也眞的拍下來過。當我看到白光，我知道有個靈魂正開始要在那人的身後出現。

「先生，我可以過來找你嗎？」我邊問邊朝那位紅髮紳士走去。

「可以。」

「請問您貴姓大名？」

「葛列格里·哈布斯。」

我問人名有兩個理由。首先，我必須聽到對方的聲音才能調頻到他或她的能量場。再來，那個人的注意力也會因此專注在我要說的話上。

當葛列格里說出他的名字時，一位氣色紅潤的高大男子開始在他的身後出現，看上去和葛列格里頗爲神似。

「你有個哥哥過世了嗎？」

「是的。他叫羅素。」

我突然感覺胸口一陣疼痛，這告訴了我羅素是怎麼死的。「你哥哥是心臟病發？」

「對，沒錯。」葛列格里語氣驚訝地回答。

「他跟我說，你一直和他有溝通，不過卻都是在罵他。是這樣嗎？」

葛列格里似乎不太自在，有些難為情。「對，我想你可以這麼說。」

羅素把一大堆想法放到我的腦裡。「他跟我說，他是你的哥哥，所以總是他在照顧你。因為如此，在某種程度上，他就像是你爸爸。對嗎？」

「對，我想是吧。他是我哥，總是保護我。我是因為最近發生了意外，差點丟了命，所以才會罵他。我是這樣說的：嘿，老哥，你就不能警告我一下嗎？我以為你是我的守護天使呢。」

羅素回答他弟弟，我警告過你了，可是你不聽。我問葛列格里：「幾個月前，你是不是在儀表板上看到一個紅燈，提醒你檢查煞車？」

葛列格里想了一下。「對，是有這麼回事。」

羅素持續讓我看到一些畫面。「你是不是也去檢查了引擎，技工還跟你說了有關煞車的事？」

「對。」葛列格里難為情地回答。

我又說：「還有，哦，這個很怪，但是我看到一塊告示板，上面寫著：『修你的煞車。』」

葛列格里搖著頭喃喃說道：「對，沒錯。我在紅燈的時候往右邊看，竟然看到一個跟煞車有關的廣告。」

「是你哥哥讓你看到那塊廣告板的。」

看到葛列格里的表情，我想他知道我接下來要說的話。

「你是因爲開得太快，煞車又失靈，車子才會從山坡上衝下來。對嗎？」

「你說對了。」

「你哥告訴我，你的課題是責任。他無法逼你去修煞車，因此，你必須接受你的行動或欠缺行動所帶來的結果。這些都是你的選擇，也是你的業。他試著幫你，可是無法干預你的學習。」

我看著葛列格里，他腦中像是有個燈泡亮了起來。我想他終於瞭解了。

葛列格里往上看著天花板，說：「老哥，謝謝你看顧著我。我愛你！」

集體的業

除了個人的業，包括種族、家庭、國家、商業或工業，以及各種社會網絡的團體也有集體的業。由於靈魂與靈魂之間有著業的連結，我們才會選擇出生在同一個家庭。每個人都聽過這個說法：「你可以選擇你的朋友，但不能選擇家人。」嗯……事實上，我們確實可以選擇家人！為了在靈性上進化，我們會在前世與來生之間，決定自己必須學習和進行哪些重要的團體業力。因此，我們會選擇自己要擔任的角色，好讓團體能以最大的可能性去體現各式各樣的課題。簡單說，那些被我們稱之為家人（包括祖孫三代的大家庭和親近好友）的靈魂，已經有許多世是和我們一起在地球修習各種課題。

你在其中一世可能是父親，在另一世是小孩，其他世則是祖父母。角色不重要。團體有股共通的學習動能，大家各自扮演不同的角色，如此才能學習並且演化成更完美及經驗豐富的存在體。經驗是最偉大的導師。

我觀察到許多人的家庭關係不睦，母女或兄弟，又或者是父子之間，沒由來地一直處不來。大多數人不明白何以如此，然而他們內心深處卻能感受到。在這一世，他們的靈魂是回來處理雙方的關係並瞭解彼此。

在對學生解釋我所謂的團體或集體的業時，我喜歡使用接下來的說明。首先，是去感覺一群人的集體能量。每當我走上舞台，面對著一群人，我可以在十秒內分辨出這群人是哪一種觀眾。我知道他們是接納度高或保守，好玩或正經八百，深受哀痛之苦或心有疑慮，又或者單純出於好奇。我是怎麼分辨的呢？感受這個團體所傳送出來的能量。我們每個人都是具有自己獨特能量的個體。然而，當我們聚集成一群觀眾，不論是什麼情況，我們都成爲集體動能的一部分。想想你在派對的情形。那是好玩有趣還是無聊的聚會呢？團體動能會創造出一股氛圍。透過現場產生的能量，你可以察覺這個團體是由快樂還是愁苦、沮喪的人所組成。

第二個是類推。把集體的業想成是一大鍋的湯，個體則是湯裡的蔬菜。每個蔬菜都是重要的食材，可以讓湯變得可口或是難喝。食材的風味若是互相抵觸而不是彼此補強，湯頭必定美味不到哪裡去。

同樣的，我們來到人世，也是要藉由身爲特定的種族、人種、宗教或少數團體，學習和解決處理因果業力。置身在特定的群體裡，你才能進入唯有在這個獨特環境下所產生的情境。除了個體的業，團體的互動和動能也持續在靈魂的成長和理解中發揮作用。

我相信，我們會出生在某個國家，也是因爲與那個國家有某種業的關聯。同時，一個國家也必須完成它自己的業，才能進化。身爲那個國家的個體，我們與國家的進化密不可分。我們必須記得，國家就跟個人一樣，都會做好事或壞事。國家的每個行動也會創造出漣漪效應，而每個國家都有機會去做正確的事。

要瞭解一個國家的業，關鍵在於知道領導者行動背後的動機。這些年來，有很多故事和文章推測小布希總統任內和他替美國製造的業。小布希對伊拉克開戰的動機爲何？那是所有選擇裡最好的一個嗎？他的動機單純嗎？對人類是件好事嗎？還是那是源自貪婪和前世衝突的負面業力？開戰眞的是爲了伊拉克人民的獨立嗎？還是爲了控制石油？

從占星學的觀點來看，小布希有一張令人苦惱的星圖。他是巨蟹座，所以相當敏感並注重家庭價値觀。但他的星圖也顯示他爲人衝動，而且從狹隘的觀點看待世界。就業而言，戰鬥／戰役是他前世的一部分。和許多其他神祕學的工具一樣，星圖可以用來瞭解一個人的個性和行爲，而其中有個部分會顯示出靈魂業力的傾向。他的圖告訴我們，他回來人世不僅是要在這個世界佔有強大的地位，他並且被給予許多往上提升和實現他的存在的較高層面的機會，也就是瞭解、同理心和敏感。顯然地，他得到改變過去的業並加以轉化的機會。不幸的是，他卻做了一個犧牲許多人命的決定。

美國甜心

多年前，我曾爲一位家喻戶曉的電視明星通靈。在這本書裡，我將她稱作梅蘭妮。名人梅蘭妮的電視節目年復一年人氣不墜，至今仍在世界各地播放。她有兩個孩子，不過大女兒出生時，她就本能地知道這會是她這輩子最難的業力課題。這個女兒從會說話開始就很苛求，而且任性、做作，只爲了得到大家的注意力。

在我開始通靈前，梅蘭妮對我透露：「詹姆斯，她出生的那天，我就看著她對自己說，我認得這個人，還有，噢，她會讓我心痛。我需要知道我們兩個是怎麼回事。」

我立刻看到了一位瘦削結實、一頭灰白髮絲的女性靈魂站在梅蘭妮身後。那個靈魂的思想非常強大有力，她對我說，我做過你現在在做的事。

「這裡有個女人，她穿著飄逸多彩的長袖袍子，看來很不平凡。她跟我說，她做過我現在在做的事。她的名字是黛娜或達娜。」

「噢，天啊，那是狄德，我的靈媒。」

「嗯，她確實把她的思緒傳達得一清二楚。」

「沒錯，是狄德。她總是直言不諱。」

「她要你知道，」我繼續，「她現在是你的指導靈。她會看護著你，確保你能渡過難關。」

「謝謝你，狄德。我真的需要你的幫忙。」

我傾聽狄德朝我快速而猛烈拋來的思緒。「她在跟我說你女兒的事。她說你很怕你的女兒。是真的嗎？」

梅蘭妮垂下視線。「對，詹姆斯。她讓我害怕。」她頓了一下，又說：「我到底對她做了什麼活該遭到這樣的對待？」

這話讓我嚇了一跳。

「狄德告訴我，你和女兒之間有很多世的緣分，而且許多前世都很有權勢。你們兩個都是重要人士。」

「這有道理，你不覺得嗎？詹姆斯？」

「狄德說，因爲你們兩人在那些前世很有權勢，但這世你女兒不是明星，所以她很嫉妒你。」

「噢，天啊！」梅蘭妮喊道：「難怪她對我這麼壞。」

「狄德要你小心。你女兒是挾怨而來。你和她互鬥過很多次。上一世，你是國王，她是你的女兒，而她爲了奪權，曾試圖謀害你的性命，只是後來被你發現了，所以你讓她一輩子流放小島。」

聽到這些話，我覺得很訝異。我也看得出來，這些訊息令梅蘭妮不安。

「不過，狄德說，你的女兒根本沒抵達那座島。一群非常愛戴國王的村民因爲痛恨公主試圖謀殺國王，在她被送往島上的路途把她殺了。得知女兒被殺後，你責怪自己，隔天早晨便因心碎而死。」

梅蘭妮和我一時都說不出話來。

「狄德說，你們兩個有很多業的課題要學。你的女兒必須學習面對你的受歡迎，不要對你的名氣心懷妒意。你們兩人爲這世設立了一個情境，讓彼此不論是怎樣的人生角色與地位，都能學會去愛對方。哦，還有一件事，狄德說她一直會陪在你身邊，看顧著你。」

語畢，靈媒狄德的靈魂便逐漸消失。

所以，你看到業的模式是怎麼運作了。如果有更多人把自己和家人之間有著多世宿緣的事記在心裡，對業力的課題就不會那麼難以理解。這也會鼓勵我們表現某些行爲，同時也抑制其他的負面行爲。

沒有意外

根據佛教，業是我們先前的行動和當下衝動的總和。我是從這個觀點去看業：如果我們全都是神，或是神的火花，而神又是愛，那麼我們以像神般的方式生活，亦即在所做的一切展現愛，便能創造出正向的業。我們行動的結果將會是愛。所有懷著愛去做的事都會幫助我們把自己的課題看得更清楚，並欣賞它們的價值。

當靈魂想要學習更多，獲得更多經驗，並以一個靈性的存在體進化，它會輪迴進入一個新的身體。輪迴是讓靈魂有進一步發展機會的合理方式。靈魂可以藉此處理任何錯過的機會並平衡在前世的生命週期所產生的業。在前世與今生之間的過渡期本質上並不是人類概念裡的時間，但靈魂確實會利用在靈界的「時間」來爲新的生命做準備。

靈魂似乎是在父母受孕之際決定輪迴的。在那瞬間，父母開啓了途徑。透過與父母靈魂模式的混和，新的靈魂模式形成。我相信這是我們和父母的靈魂群組的連結，我們的轉世因此承擔了一些他們的業。聖經中也提到過這個概念：「（上帝）必追討他的罪，自父及子。」（創世紀第三十四章第七節，新國際版）我納悶這是否就是我們越老，常會發現自己的行爲越像父母的原因。神奇的催眠預言家愛德格．凱西（Edgar Cayce）曾在神遊時說：「家庭只是乘載靈魂漂浮之河。」

這些年來，不論是透過似曾相識（déjà vu，也稱既視經驗）或鮮明的夢境，或是沒有明顯原因地被吸引到某地，還是回溯催眠，許許多多人已經體驗到前世回憶。前世經驗深深刻印在靈魂裡。只要能夠接觸到靈魂的記憶，便能挖掘出重要前世，並且得知我們今生是要解決何種前世業力。

許多來找我的人詢問他們在靈界的摯愛親友，爲什麼他們今生會發生某些事，或是某某人爲什麼對他們那麼惡劣。靈魂通常會回答：因爲需要去平衡前世的業力。以下便是一個了不起的例子，顯示靈魂如何共同解決過去世的業。這又是一次令我難忘的通靈經驗。

幾年前，我前往拉古納海灘（Laguna Beach）的飯店，參加一群母親的聚會。在開場介紹和簡短的冥想後，我看到一位留著一頭波浪棕髮的年輕男子站在其中一位母親的身後。

「邦妮，我看到這裡有位年輕人。我相信他是你的兒子。他大約十九歲，身上穿著一件T恤，上面有槍的圖案。」

邦妮立刻淚水盈眶，抓住隔壁女人的手。「對，那是我的兒子托比。」托比死亡那刻的衝擊朝我襲來，我的頭突然在旋轉，然後一切都變暗了。「他是車禍死的？」

邦妮和旁邊的女人一致地點了點頭。

「他提到他是和其他女士的兒子一起來到這裡。他們是在學校認識的，常常混在一起。他們對槍、《前進高棉》這部電影還有越南很著迷。對嗎？」

這時候，坐在邦妮兩邊的派蒂和雪倫舉起手來，讓我知道她們也在場。

派蒂說：「我兒子也很迷越南和《前進高棉》。」

雪倫補充說道：「他們就像三劍客，去哪裡都一起行動，又很迷戰爭故事，特別是和越南有關的。」

她說話的時候，另外兩個年輕男子的靈魂也出現了。三個靈魂同一個年紀，看上去很快樂，宛如註定是一直要在一起。

我請這三位年輕人給我看他們的車禍經過；畫面馬上被放進我的心裡。我看到三個男孩坐在一輛黑色吉普Cherokee車系的前座。他們的車速很快，尤其是在轉彎的時候。就在托比哈哈笑著低下頭把收音機調得更大聲時，對向來了另一輛車，托比猛地抓住方向盤，吉普車隨即打滑撞上了電線桿。車子冒出火來，三個年輕人被困並死在燃燒的車裡。

當我對房間其他人說明我看到的畫面時，三位母親緊握住彼此的手，給彼此力量，現場有些人也忍不住跟著掉淚。

邦妮問我：「他們爲什麼會是這樣的死法？我是說發生車禍？」

「你兒子跟我說非那樣不可。那是他們需要償還的業。」

我接著對三位媽媽說：「另一輛車裡的女孩們毫髮無傷。對嗎？」

她們點頭。

我請男孩們解釋清楚，他們必須償還的業是什麼。

「你們的兒子告訴我，他們前世曾在越戰並肩作戰。那大概是一九六〇年代末期的事。現在我看到一個滿月的畫面。我懂了。那是在中國新年期間。他們說，他們三個士兵因爲慶祝節日而喝得醉醺醺，然後駕著吉普車到處找黃種人。他們找到一男一女，一對躲在車內的夫婦。三位士兵從吉普車上跳下來，嘲弄那對夫婦，辱罵他們，接著便對那輛車開槍。車子燒了起來，那對夫婦困在車內出不來。噢，天啊！他們三個只是站在那裡，眼睜睜看著兩個人被活活燒死。」

我不得不花點時間消化他們給我看到的畫面，觀眾也都靜靜地坐著。這顯然是個令人不敢置信的恐怖畫面。聽到兒子在前世有多麼殘酷，三位媽媽哭成一團。

我轉向她們說：「沒有事情是偶然。這輩子的車禍不是另一輛車裡那兩個女孩的錯。謝天謝地，那兩個女孩沒有受傷。」

「可是，他們既然已經死在越南，爲什麼這一世又得死？」雪倫問：「他們的業不是已經在那場戰爭中還清了？」

「不見得。」我回答。

然後我問這些年輕人的靈魂，他們是否是徵召入伍。「托比告訴我，他們三個都是在戰爭時被徵募入伍，對當兵、使用武器和替國家出征懷著滿腔熱血。他們的業和受到戰事的徵召無關。他們入伍的動機是正直的，但殺害無辜的人卻不是。那是未經授權且冷酷無情的行爲，也是他們欠下的業。」

年輕人爲造成他們母親的痛苦表達歉意。「托比說，請不要爲我們哭泣。我們必須還這一報。現在我們自由了。」

聽到兒子訊息後幾個月，邦妮決定前往那兩個女孩家一趟。她們和邦妮的兒子以及另外兩個男孩是同校同學，所以邦妮也認識她們。邦妮覺得她的自我療癒就欠這最後一個動作。兩個女孩的母親梅西・荷姆斯來應門，邦妮感謝對方同意讓她來訪。兩人談起那場車禍，邦妮把我通靈的情況跟男孩們與越戰的關係告訴梅西，梅西也貢獻了一些珍貴的資訊。

「你會提到你兒子對越南的執迷還眞是有意思。我的兩個女兒也很迷越南，希望有一天能去那裡看看。還有，她們怕火怕得要死，簡直像著了魔似的。」

「眞的？」

「她們甚至把逃生繩放到窗外，以防有火災發生。她們很怕會被困在屋子裡。」

邦妮不曉得要如何解釋托比與這兩個女孩的生命之間的協同作用，但她希望兒子能從靈界幫助這兩個女孩克服對火的恐懼。

我們無法確知車禍中的兩個女孩，是不是就是在越南被燒死的那對夫婦。然而，重要的是，那三個年輕人對自己仇恨的行爲是有責任的。重什麼因就得什麼果。

請記住，業不是懲罰，而是一種管理我們的行動和反應的方法。業也是一種教育工具，它協助我們的靈性進化，平衡我們有違愛的法則的行動。我們這一生會有許多清理前世負面業力的機會。是的，靈界曾清楚地對我表示，我們的靈魂輪迴過許多許多世，並且生活在許多不同的地方。

記得有一次我在紅燈前停下來時，看到前面車子的保險桿上有一張我永遠不會忘記的貼紙：「你怎麼對待我是你的業；我怎麼反應是我的業。」我好喜歡這句話，放在心上無日或忘。

知道自己有業力是一回事，但我們要怎麼面對它呢？這是我們下一章的重點。

第三篇——靈魂看得很清楚

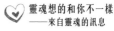

第七章　克服障礙

一個人的成功不在於他得到的地位，而在於他所克服的障礙。

——美國教育家布克．華盛頓（Booker T. Washington）

有多少次你想著生命中的遭遇，並在心裡納悶：「神怎麼會讓這種事發生在我身上？我不可能過得了這關！」或許你崩潰痛哭，擔心受困在這個情況裡，也不知道自己和家人將會如何。

每當我認為這個世界是個很辛苦的地方，一切似乎令人難以承受時，我會想起一位憑靠勇氣戰勝逆境的女士，然後心裡就不由得謙卑起來。她是人世最偉大的靈性導師之一，也是克服人生路上種種障礙的完美典範。她從一歲半起就又聾又瞎，但她沒有把殘障當成依賴，反而作為開啟瞭解自我大門的工具，後來更與全人類分享她的洞見和知識，鼓舞世人活出自己的生命。單是看到她不畏自身苦難而達成的事，我們就會對自己活著的每一刻心懷感謝。她的名字是海倫．凱勒（Helen Keller）。她曾說：「當一扇快樂的門關上，另一扇就會開啓；但我們往往只是盯著關上的門，沒看見爲了我們開啓的另一扇門。」

閱讀本書至此，我希望你已經到了重新評估自己的時候。透過檢視生與死和前世今生之間所創造的選擇，你可能對面臨人生境遇要選擇怎樣的言行舉止已經有了大不相同的觀點，或至少有了些洞察。我知道懷著這份新的認識，你可以用一種負責任的態度活出一個比較有效率的人生，並且釋放舊有的掌控模式與負面行爲。

人生永遠都會有阻礙。我的導師拉瑪曾經跟我說，阻礙是學習更多有關我們自己和我們所生活的世界的機會。如果沒有分歧、衝突和突如其來的創傷，人生必然乏味，而我們也不會成長。學習克服障礙就是生命的意義。每每在事情看來很糟的時候，我總會想起百老匯音樂劇《安妮》那首讓女主角擺脫消沉的歌——《太陽明天依舊升起》。事實就是如此——太陽明天依舊升起。

現在請先暫停一下，認眞地想想你的困境。或許有些個早晨，你幾乎沒有力氣離開枕頭，一切是那麼地失落。但你知道，在核心深處，你有生存的本能，那畢竟是人類構造的一部分。你想要懷著希望迎接新的一天，而在那嶄新的一天，你可能會在一片愁雲慘霧裡看見前一天沒能看到的陽光。也或者，某人來電，提供了你一個新的機會。

每件事再怎麼糟，都能幫助我們成長，但我們需要有良好的心態。面臨阻礙時，我們必須能自我覺察並相信自己，選擇從內心眞誠地回應。我們可以用警醒的思緒對某個情況做出反應。當我們認知到自己具有改變觀點的力量時，我們會覺得自己在掌控情勢，而非受到情勢的支配。

永遠不要對失敗俯首稱臣。這不是你想要的。你必須意識到失敗不是世界的盡頭，人生永遠會出現其他的前景或可能。你確實可以擁有夢想的一切，不論你夢想的是什麼。

接下來我將定義一些基本的障礙和它們的源由，希望能提供你移除障礙的方法，並讓你擁有新的展望。這會幫助你保持開放的心態、耐心，賦予你力量，並且在你做的所有事情中保有個人的特質。一旦你對自己有更清楚的認知，你對所有愛你的人也會有更多的認識。

恐懼

第三章已談過許多和恐懼有關的重點。恐懼是人類生存本能的一部分，它是一種正常的情緒反應。然而，恐懼若引導我們朝向生存以外的事物，那就純粹是儲存在心智的幻相了。恐懼會針對某個問題對我們發出逃跑或避開的訊號，但它也會造成不必要的擔憂。當我們害怕某事，我們傾向把它想得比實際情況還糟。換句話說，我們會誇大情境或困境，小題大作。

恐懼大多源自父母的信念、宗教或是其他人的偏差認知。恐懼可以推動我們在人生中往前邁進，因爲我們是那麼地害怕失敗。然而，恐懼也會使我們裹足不前，無法實現自己的夢想、渴望和目標，因爲「我們不認爲自己可以做到」。對許多人來說，相信自己會成功很困難，害怕反而比較容易。我們需要把恐懼寫下來，切實地檢視，誠實地面對。這意味著不合理化也不輕視恐懼，並且不讓人生臣服於恐懼的力量之下。

態度

態度非常重要，因爲它不僅將你的形象呈現給這個世界，也會驅動你的行爲。你的態度影響你的世界和你所做的一切。它定義你傳送出來的能量，形成你的境遇。如果你的態度正面，心胸自然開闊，人們會受到你的吸引。正面的態度讓你能夠接納人生境遇的高低起伏。但如果你憂鬱、憤怒、不快樂，沒有人會想待在你身邊。你事實上是把人們和機會從你身邊推開。

有一點很棒，那就是你有自由去選擇採取哪種態度。並沒有什麼完美的方式；每種方式對每個人來說都是獨一無二的。以職場上司縮減你的工時爲例，你可以選擇認定上司很不公平，因此不再那麼努力工作，你的態度表現了你其實不如自己所想或所說的那麼投入。反之，你也可以採取一個理解的態度；或許你不是很清楚公司的一切現況，然而縮減工時是避免裁員的必要措施。此外，還有一件事你需要謹記在心，那就是你不必把生命中發生的一切都看作是針對你。有些事屬於大局中的一小部分。就因果業力而言，當你能這麼思考：「我知道事情會進行得很完美，一如它本該的狀況。」時，事情通常就會如此。

當面臨意想不到的問題，知道你**能夠**選擇如何反應份外重要。提醒自己那些保持正向心態的技巧，如此一來，你必然會有個快樂得多的人生。

父親的肯定

有一個和正面態度有關且值得一提的故事，是來自我爲二十二歲的狄恩所傳達的訊息。那是二〇〇二年的事了，我在我的電視節目《*Beyond*》播映前曾與他有過一面之緣。當時節目尚在籌備階段，幾位製作人想要熟悉我的工作，於是安排了五個我不認識的人來進行示範。我還記得自己走進攝影棚，看到三女兩男坐在排成一排的椅子上，每個人似乎都只有二十出頭。

「你們好，我是詹姆斯。」我對他們說。

他們也都和我打招呼，其中有個年輕男子特別引人注目。他說：「嗨，詹姆斯，很高興能見到你。你的工作眞的很棒。感謝你做的一切。」

這位名叫狄恩的年輕人溫暖友善的態度與微笑令我印象深刻。他散發著魅力和磁力，讓我聯想到男明星修．葛蘭（Hugh Grant），只是他的年紀較輕。

當我開始爲這五位觀眾通靈時，狄恩的爸爸出現了。他冷淡地站在這位年輕人的右邊，對眼前的狀況似乎半信半疑。

「狄恩，你爸在這裡，但他對來到這裡似乎有些懷疑。」

「聽起來就是他沒錯。他對許多事情向來都不是太相信。」

「你爸說你有種天賦，可是他是死後才知道。」

「天賦？什麼天賦？」

「他說你對人生抱持著正面的展望，這是你一直都有的天賦，打從你很小的時候就是這樣。大家老說你是個好孩子，你爸卻覺得你乖到很古怪。」

父親的話顯然讓狄恩一頭霧水。

我繼續說：「他活著的時候不曉得要拿你怎麼辦。他很抱歉他那麼常取笑你。」

「沒關係的，老爸。我知道我和別人不一樣。」

「你爸說他擔心別人會利用你的好個性，所以才會試著用自己的方式保護你。」

「我從小就很樂天，隨遇而安。我想我生下來就是這樣。」

我點頭。「謝謝你。」我說：「你爸說你的樂觀會讓你在這個世界無往不利，許多扇門會爲你開啓。你的事業將非常順利，他會很高興地看著你出人頭地。」

狄恩眉開眼笑。「嘿，這眞是個好消息。」

「是啊。」我說：「你爸說他看著你，從你身上學到好多。他說他但願自己還活著的時候就向你學習。」

「眞的？」狄恩驚呼：「這也太好笑了。」

「爲什麼你會這麼說？」我問。

「我爸以前老說我透過玫瑰色的眼鏡看世界。他認爲我帶著這種蠢笨的態度永遠不會成功。現在他卻向我學習？這眞是挺反諷的。」

我揚起嘴角。「我們不斷在學習，不論是在這裡還是彼岸。就像我們會向靈魂學習一樣，他們也會跟我們看齊。」

狄恩仰起頭。「我愛你，老爸。」

接著我感應到別的靈魂出現，便轉向對其他人說話。

前些天，我在瀏覽電視頻道時，停下來觀賞一個新節目。我不敢相信我看到的。出乎我的意料——節目的主角居然是狄恩，那個有著很棒的態度的年輕人！我好驚訝。當時我腦中只有一個想法：「做得好，狄恩。玫瑰色的眼鏡到底是有用的。」

情緒

人類是天生的情緒動物。情緒可以指引我們做正確的事，也可以干擾我們做決定。它也有可能阻礙我們實現潛能（視情緒的強烈和型態而定），而這種情況實際上還挺常發生。每當憂鬱、恐懼、憤怒、擔憂等負面情緒排山倒海而來，我們會立刻有被襲擊和受困的感覺。這些情緒迫使我們專注在可能是錯誤的事項，我們因此會立刻覺得有事情需要修正。負面情緒讓我們的心力漸漸枯竭，身心狀態低落。我們腦部的荷爾蒙改變了，又因爲觀點變得狹隘，很容易就落入受害者意識。我們低垂著頭，彎腰駝背。我們想躺下，用被單蓋住自己。我們變得意氣消沉。

相反的，愛、寬恕和喜悅等正面情緒，會爲人生帶來成長和擴展。這些情緒幫助我們看到和發現廣大的可能性。每個人都知道爲了某事欣喜若狂是什麼感覺。我們覺得自己彷彿力大無窮，沒有什麼是不可能的。我們面露微笑，我們跳舞，我們熱情大喊，我們身在快樂無比的狀態。我們的情緒越是正面，身、心、靈也越是健康。我們會變得更寬容大度，更有創意，也更能全心投入隨人生而來的，那些不可思議的契機。

我常告訴大家，每當他們感覺悲傷和憂鬱的時候，要閉上眼睛，想一件令自己快樂的事。或許是兒時的回憶，或許是一個笑話，又或是一部滑稽的電影——某個能讓他們開懷一笑和感覺好過的事。笑聲是最佳良藥，它能立刻改變我們的能量。它不只是對心理，對生理也有正面影響，它事實上能夠改變人腦的化學作用，而不需仰賴任何人工刺激物或藥物。每回到了一個能量過於沉重或恐懼的地方，不論是在電梯、計程車或工作坊，我常常會唱起歌來，而且是盡情歡唱。這通常會讓每個人的臉上出現笑容（大概也有一點震驚）。大家哈哈笑出聲來，能量旋即變得不同。

壓力

簡單來說，與放鬆相對的就是壓力，然而它也是人生的正常部分。壓力是我們對情況認知的生理反應。舉例來說，你有一項重要的工作計畫，你可以很有創意地利用壓力逼促自己，趕在指定的截止日期之前，做出很棒的成品或拿出很好的表現。雖然戰或逃（fight-or-flight）的生存本能會引發壓力，卻也能保護我們免於危險，並幫助我們在一個不友善的環境中安全存活。有一點壓力不是問題，但壓力過大卻會致命。

當我們覺得對生活失去控制，對影響我們生活的事情感到無能爲力，不健康的壓力便產生了。比如說，一個女人要兼顧媽媽、律師、朋友、關心社會的市民和熱衷健身的角色，並試著對每個活動都付出最大的心力。一個男人雖然是個企業家，卻不時要在扮演公司老闆、丈夫和爸爸的壓力之間尋求平衡。這兩個人都承受很大的壓力。

我們需要調節壓力，不能任它操控生活。生活中若有太多壓力會引發頭痛、失眠、消化問題、心情起伏、胸痛等等生理病痛。每次掃視人們的氣場，看到過多的能量集中在頭部區域，我就知道那個人的壓力太大，有太多事情要操心、處理和負責。

但是，我們要怎麼因應壓力呢？以下有幾個建議：

- 檢視你的活動和目標。它們務實嗎？還是你的設定只是會讓自己失望？
- 透過把事情委託給別人來簡化你的生活。你不需要一肩扛起所有的事！
- 定期運動以釋放壓力並療癒身體。
- 培養一個會令你心情愉快的嗜好，例如園藝或是繪畫。
- 列出優先順序表。把腦袋裡的事寫到紙上，幫助自己看清楚何者比較重要。
- 停止爲每個人做盡一切。做自己就好！

透過管理壓力，你會用更有效的方式完成更多的事，生活自然也會愉快許多。

金錢

金錢是美好的工具，也是很棒的一種能量形式。然而，對許多人來說，金錢卻是個不可思議的阻礙，因爲它是如此侷限；金錢會阻礙我們看到更大局面和瞭解生命更偉大意義的能力。

我們全都認識或聽說過某人擁有可以隨意揮霍的金錢。然而，那些百萬富翁卻是地球上最不快樂也最不滿足的人。單是有錢不一定代表你很富裕。金錢是物質；富裕則是種態度。

多數人都在月復一月應付帳單中過日子。幸運的話，或許能存下一點錢。不過大多數時候，就算夠用還是不夠。我們總想要有更多的錢，就像錢是能解決一切問題的偉大萬靈丹一樣。害怕沒錢的人往往眞的會落得個一窮二白。宇宙是**完全**依照我們對金錢的想法和期待供應我們。如果我們老是擔心自己會捉襟見肘，我們就會捉襟見肘。爲金錢操心便是落入了「貧窮意識」，儼然是在自己與金錢之間立起一道高牆，你碰不到錢，錢也過不來。

財務自由是可能的，但也許不容易達到。你必須要確實改變自己對金錢的想法，重新思考你的貧窮心態。如果你練習思考**這個世界上有足夠供應每個人的金錢**，你就能得到財務上的富饒。以下是一些實際的方法，讓金錢不再成爲你生活中的問題：

- 擬出一個財務生存計畫，決定使用金錢的優先順序。做好計畫後，不要對它太過執著。記得，眞正的安全感和幸福並非來自於我們擁有的事物，而是我們是誰，還有我們在人生中付出和得到的愛。
- 編列預算。你知道自己每個月的實際支出嗎？快樂並不是揮霍。你對自己的開銷是可以控制的。
- 購物的時候不要太衝動。花錢時要等一下，確定你眞有那個需要；不買不是眞正需要的東西。
- 別再認爲你需要物質才能快樂。
- 別再羡慕那些比你有更多好東西的人。享受你現在擁有的。
- 整合你的債務，不要帶信用卡出門。

你如何處理金錢的方式也是業的課題。宇宙會將你所付出的還給你。當你放開對金錢的緊握，用它來幫助別人，你就開啓了能量交換的流動。

我有個朋友曾告訴我一則寓言，內容眞實呈現出對金錢貪婪與自私的信念，是如何阻礙靈魂的成長。我在每個工作坊都會說這個故事，現在也與你分享：

一位億萬富翁死後上了天堂，聖彼得站在天國的大門前歡迎他，帶他四處看看。富翁一邊跟著聖彼得在天堂走動，一邊對天國的美景和完美讚嘆不已。花園修整得無懈可擊，凡是你想得到的異國風情植物都找得到。一棟棟的大豪宅以唯美的方式散布在花園裡。看著天堂的美和莊嚴，富翁不禁淚水盈眶。聖彼得引領他走上一條小徑，周遭的色彩美得令人難以置信。

富翁轉向聖彼得，問：「我的房子在哪裡？」

聖彼得回答：「有一點距離。」

他們往下走了幾階。富翁忽然注意到環境有了改變。房子不再是豪宅，而是小屋；花園變少了而且相隔遙遠。這裡的顏色單調，毫無生氣。

「我家在哪裡？」富翁有些不安地再度問道。

「再幾階就到了。」聖彼得回答。

他們往下又走了幾階，然後轉彎。現在氛圍完全改變。房子是簡陋的木屋，顏色只剩下灰和褐色，走道泥濘，蓊鬱的植物消失無蹤。

看到這樣的變化，富翁驚訝地抓住聖彼得的手臂。「等一下。我的房子不可能在這裡。你一定是轉錯彎了。」

「不，沒有錯。」聖彼得回答。

他們又走了一段路，終於，聖彼得停下腳步，指著一間勉強直立的迷你茅舍。那裡沒有植物，沒有色彩，更沒有美。事實上，它是如此黯淡，很容易就會被忽略。

富翁轉向聖彼得，說：「看來你不知道我是誰。這不可能是我的房子。我在人間很有錢，有十間房子，還有數百個僕人。沒有什麼是我買不起的。我知道這一定是出了什麼錯。」

說到這裡，富翁怒氣沖沖地抗議：「我可以找誰談談？」

聖彼得直直望進富翁的眼中，說：「沒有錯。我們只能用你送來給我們的材料蓋房子！」

錢財的收穫在靈界是得不到獎勵的。事實上，靈界用非常不同的方式看待金錢。它被視為協助他人的工具，而非目的。

擁有一切

我曾替一對就物質意義而言極端富有，在靈性層面卻是破產的夫婦通靈。那次是在橘郡（Orange County）做的示範，我注意到出席的人中有很多女性，但和平常的觀眾不同。她們盛裝打扮，穿戴珠寶首飾，頭髮和指甲也都修過，宛如剛從麗池卡爾頓飯店出來。

我問助理：「今天是有什麼團體在這裡嗎？」

她立刻明白我的意思。「沒有。」她說：「只是有很多來自拉荷亞和新港的貴婦。」

現場示範進行到一半時，我發現有個男性靈魂站在一位女性觀眾的旁邊，顯然迫不及待要傳達訊息。

我走向那位坐在前排的婦女。她穿著看來像是量身訂做的香奈爾套裝，黑髮中有金色的挑染，她的妝像是早上才由專業人士打理過。

「我可以過來找你嗎？」我問這位迷人的女士。

「當然可以。」

「有個男子在這裡。他很急著要跟你說話。他說他的名字是克里福？還是克里頓？你知道是誰嗎？」

「知道，克里福，我老公。他在幾年前過世了。」

「他像是爲了什麼事在沮喪。他告訴我，你需要改變自己在做的事。」

「我不知道那是什麼意思。」她回答。

我請靈魂釐清他的訊息。在我聆聽並和靈魂說話的時候，觀眾屏息以待。

「克里福說，他到了另一個世界之後才知道自己錯了。他讓我看到一個法庭。現在我又看到一棟豪宅。這對你有意義嗎？」

「有。我先生是位律師，他的事業很賺錢。我們住在新港的豪宅。他是個工作狂。」

然後我再次聆聽克里福說話。

「他現在給我看珠寶、香檳、船、汽車和一疊疊的鈔票。貝蒂是誰？」

「是我。」

「他說那些都不重要。他說他到了另一邊（指靈界）後並不快樂。我感覺在他的頭部周圍有很多東西。他有很多困惑。」

「聽起來不像克里福。他一向知道自己在做什麼。」

「這個嘛，」我回答，「他無從掌控自己在靈界的生活。他說他活著的時候欺騙人們，他對自己說謊感到抱歉。他當時完全陷入物質的世界裡。」

「我們不都是這樣的嗎？」貝茜傻笑。

「德瑞克是誰？」

「我們的兒子。他也死了。」

我可以聽到觀眾一陣耳語，貝茜的眼裡泛起淚水。

「克里福勸你，你需要改變。他從客戶身上撈錢，收取超額的費用。他要你把錢給需要的人。他說那些錢是血腥錢，都是他騙來的。他要你設立一個慈善機構，把他的錢捐出去。」

貝茜聽得目瞪口呆，多少有些尷尬。「我不知道要說什麼。」

我看得出來她聽不進克里福的勸誡。她沉浸在自己的生活型態中不可自拔。

「他現在給我看一架小飛機。你先生和兒子都是因爲飛機失事喪生的嗎？」

「對，他們死在克里福的私人飛機，克里福那時在教德瑞克開飛機。」

「克里福現在跪下來懇求你。他說，不要做我做的事。他說他做錯了，他好難過自己佔了別人的便宜。」

貝茜有些動容，不過我看得出來這不是她想聽到的。「我兒子在附近嗎？」她問。

「不在。我只接收到你先生的訊息。」

「好吧。嗯……告訴克里福，我會考慮慈善機構的事。」

「你知道你可以自己跟他說。他隨時在你身邊。」

「噢，我希望不要。我不要他一直都在我身邊。」

「只有你需要他的時候，他才會在。」我說。語畢，我轉離貝茜，繼續爲別人通靈。

就如許多通靈示範的情形，人們通常是在幾年後寫信給我，貝茜也不例外。

親愛的詹姆斯：

你來橘郡的時候曾替我通靈。我的名字是貝茜，那晚我的先生克里福出現了。當時我很不快樂，不想聽克里福的忠告。我深陷在我的房子、車子、衣服和物質的所有物中，用這種方式來撫平失去克里福和兒子德瑞克的痛苦。我花克里福的錢如流水。我後來認識了一個男人，跟他結了婚。他就像我一樣，喜歡過好日子。我從他身上學到了很大的教訓，因爲他騙光了我繼承的遺產，然後離開了美國。現在我住在一間小公寓裡，在百貨公司上班。我應該要聽克里福的話，成立一個慈善機構。那樣至少我是把錢用在高尚的目標上。我想爲那晚向你道謝。我現在隨時都和克里福說話。

我付出了非常高的代價，但我想我終於懂了。

貝茜

自尊

假使貝茜有更多的自尊，她或許會瞭解購物永遠不會讓她的內在完整。缺乏自尊是最難克服的障礙之一。

無論如何，你一旦學會這個課題，世界就是你的遊戲場，你將無往不利。人生每件事都源於你對自己的認知。要衡量自尊的高低很容易；自尊是成功和失敗之間的差異。如果你有高自尊，你會認定自己是個很有價值的人，覺得只要自己想要，沒有什麼成就不了的。如果你是低自尊，你會認為自己無足輕重，覺得自己是個失敗者。

我相信我們都是帶著某套價值觀和某種特定的自我感受來到這個世界。我也相信那些被我們仰賴和尋求指引的人，他們對提高或摧毀我們的自尊具有極大的影響力。我小時候朋友很少，而且也不親近。因為我自覺和大家不一樣，在人群中一向格格不入。在某種意義而言，我感覺孤單。

神奇的一天來了。我走在社區的路上，有輛車在旁邊停了下來，車裡的女士搖下車窗叫住我。她說她剛搬進這條街附近，她邀請我到她家和她兒子玩；她兒子跟我差不多年紀。那晚，我去了她家，見到她的兒子史考特；我們成了最好的朋友。不過，對我人生影響最大的，卻是史考特的母親康妮。她總是誇獎我，鼓勵我：「你絕對不要聽別人挑剔你的不是，他們看不到你有多麼特殊！」

康妮的洞察力、鼓勵和無條件的愛逐漸讓我有了自信。自信其實一直都在，只是以前從沒意識到。我可以很坦誠地說，如果不是康妮．雷芙（Connie Leif），我不會是今天的我，你現在也不會讀到這本書。

左列便是建立自尊，或是，以我偏好的說法，提醒自己有多麼出色的簡單方法。

- 檢視你看待自己的方式。你認爲自己什麼事都做不好嗎？你要意識到你確實容易犯錯，也並不完美——就跟每個人一樣。當你犯了錯，或是做了決定卻沒得到你想要的結果，不要一直責怪或折磨自己。
- 仔細檢視你的行動。你是在傷害還是幫助別人？我們常常給別人比給自己更多的尊重和餘地。
- 站在照顧者和慈悲旁觀者的立場看待自己。
- 不要把自己拆成不同的部分看待，例如有個和藹的微笑或美好的身材。把自己看成是有著神奇的錯綜複雜特質的整體。
- 態度要保持彈性。原諒自己和他人的缺點。每個人無不在盡自己最大的能力學習生活。

・姑且相信任何與你偶然相遇的人。

・把你喜歡自己的所有美好層面寫下來。展現和發揮你的美好特質，同時注意你的愛和良善能如何改變他人。

分散注意力的事物

繁忙的生活裡充滿了令人分心的事物。我們總是與手機、黑莓機和藍芽連結在一起。一切都是超高速，一心多用彷彿已成普遍的事。然而，分心會損及自我的價值感，因爲它使我們無法集中心神，無法完成想做的事，最後變得緊張和壓力過大。

分心會消耗許多我們原本可用在它處的心智能量或說精神。我的好友裘蒂有次叫我在紙上寫下「你分心了」這幾個字，然後放在視線所及之處。我把它貼在冰箱，這樣每天都看得到。你猜怎麼樣？這招有效！我每次看到它，就會想起自己的優先順序，不因分心使我脫離重要事項。

讓我們分心的事物有許多來源，有內在也有外在，譬如說：

・不支持和不鼓勵你的家人、朋友與同事。

- 電視、收音機和數位影像紀錄器。
- 手機和簡訊。
- 電玩遊戲。
- 電腦和電子郵件。
- 除草機的聲音和吠叫的狗。
- 八卦。
- 內心對自我批判的聲音。
- 達不到他人的期望。
- 拖延。

你要怎麼處理這些讓你分心的事物？因應令人分心和惱人的事物主要是態度的問題。你可以老想著或強調這些事，讓它們不成比例地壯大，或你也可以接受它們，並繼續過自己的生活。

成癮問題

今日大多數人所面對的障礙中，成癮問題大概是最普遍且具破壞力的一個。儘管「成癮」這個詞彙通常指的是毒品或酒精，但它涵蓋的範圍其實很廣。大多數人或多或少都對某種事物上癮。上癮的定義是一種執迷，反覆出現的衝動，或是過度的生理或心理依賴。

依賴某種藥物、毒品或酒精之類的物質屬於生理性的成癮，一旦停止服用這些化學用品，身體很快會出現斷癮症狀。至於爲了減低焦慮和壓力，因而表現出的某種行爲，則屬心理性的成癮。心理成癮包含了衝動性的賭博、性、飲食、購物、上網、工作和電玩。這些行爲與讓人分心的事物一樣，也會破壞自我感。它們或許不會有生理上的問題，但和依賴藥物一樣具破壞性。

成癮問題的成因很多。有些是遺傳，有些可能源自於童年未解決的問題，包括家庭功能失調、虐待和情緒壓力，進而造成的某種逃避現實的行爲。由於人總是會向外尋求缺乏自愛所造成的空虛，缺乏自尊也會引發上癮行爲。

有這些行爲的人本身可能過於敏感或情緒化，因此很容易受到傷害。他們無法或不肯面對日常生活，而爲了逃避現實，便讓自己處於另一種意識狀態，關掉痛苦，拒絕感受。他們只能從上癮的行爲得到滿足，因此不惜一切也要再度體驗到那種滿足。其實，只要懂得像冥想這種簡單的事，對他們就會大有幫助！冥想不僅能讓一個人進入較高層次的意識狀態，促進一體感、心靈平靜和幸福，還能擴展認知，讓人看到萬事萬物的完整與豐富！

成癮問題要怎麼治療？這要視其嚴重程度和哪一種癮頭而定。一般而言，治療需要針對整個人的身心靈。首先最重要的是，有成癮問題的人必須要有變好和脫離讓他們上癮事物的渴望。再者，他們必須探索自己為何會發展出這樣的行為。或癮者絕對需要一個強大的支持系統，其中如果有部分是來自曾有過相同經歷的過來人，對他們會更有助益。心理諮商則是絕對必要，我也相信它是療癒成功的關鍵。

三個問題

我對以下這個故事記憶猶新。幾年前，我在一場有幾位客座講者參與的週末研討會進行現場示範。當時觀眾裡有兩個年輕女子立刻吸引住我的目光。一位女性靈魂站在她們旁邊，正在數數的樣子。我覺得很有趣，於是朝那兩個女子走去。

「請問你們的名字？」我問。

她們驚訝地回答：「我是黛博拉，這是我妹妹芭芭拉。」

我閉上眼睛感覺她們的能量，然後再度看向站在她們旁邊的靈魂。她還在數數，顯然沒在注意我。

「我必須告訴你們，有位較年長的女士站在你們兩個旁邊。她沒有理會這裡的情況，看上去倒像在是數數。這對你們有任何意義嗎？」

兩個女孩面面相覷，下巴往下掉。

「一定是老媽！」黛博拉驚呼。

「她爲什麼在數數？」我問。

「她生前是個囤積狂。」芭芭拉說：「我們家以前的東西從地板堆到天花板那麼高，所有你想像得到的物品都有。她老是在清點，確定我們兩個沒有人把東西丟掉。」

她的回答令我瞠目結舌。「天啊。喔，她現在還在數！」我笑著說。

黛博拉說：「她把我們趕出家，但坦白說，我們很高興能夠離開。我們受不了住在那間恐怖的房子，家裡到處都是狹小到只夠從一個房間走到另一個房間的窄道。我們覺得好難爲情。所有朋友都在背後耳語，說我們的媽媽是個神經病。」

兩個女孩的母親這時傳給我很多畫面。「她的名字是安或安娜嗎？」

「安妮瑪莉。」

我忽然覺得有點頭暈，把手放到了頭部。「她酗酒嗎？我從你們母親那裡感受到醉意。」

「她對酒精上癮，她會數伏特加的瓶子，就算空了也是。她也抽菸，是個老菸槍。」

「三個成癮問題！」我驚訝地說。

安妮瑪莉停止數數了，她看著我，傳送她的思緒。對，我聽得到你說話。我默默在心中回應她。她移動到兩個女兒坐的位置，各給她們一個擁抱。

「你們的母親意識到你們在這裡。她現在在談珠寶的事。你們戴著她的珠寶嗎？她告訴我那是她的項鍊和戒指。」

「對，我戴了一只她的戒指。」芭芭拉問道：「她還好嗎？」

「她說她死時帶著她的成癮問題到了靈界。她現在知道那對你們來說有多麼糟糕。她又菸又酒，尤其喜歡囤積物品。在某個程度上，她的心靈中毒了，變成自己家中的囚犯。」

「她在靈界還是對那些東西上癮？」芭芭拉問。

「不了。她說她現在是一個治療團體的一員。她說最初她處在一個較低且黑暗和可怕的層面。她和跟她一樣的人在一起。很多酒鬼。她後來便一直陪伴那些在世爲上癮問題所苦的人。他們在努力幫助那些靈魂脫離那個較低的層面。」

「我們沒機會在她臨終前和她道別。我們母女爲了房子的事大吵一架。她囤積物品，又抽菸酗酒，我們怕會引起火災，所以試圖讓官方宣告那個房子有火災的危害。她大發雷霆，我們也好難過。」芭芭拉說，雙眼湧出淚水。

「對，我們想告訴她，無論如何，我們還是很愛她。」黛博拉說。

「你們的母親對於她讓你們經歷的事感到很內疚。她說她很想念你們的父親。他在別的地方。你們的父親生前喜歡學習，他現在很平靜。」

接著安妮瑪莉傳給我更多的訊息。「你們的母親說，當她終於放手時，她覺得自由許多。她現在是——我想可以說是指導靈團體的一分子。他們會到地球層面試著影響酒吧和夜店裡的年輕人戒除菸酒。」

「做得好，老媽。」黛博拉和芭芭拉異口同聲道。

我常在通靈時遇到成癮的問題。有太多人被某樣東西「鉤住」了。靈界說過，人世是成癮問題之地，許多人之所以選擇回到這裡，就是爲了克服成癮的行爲。靈魂十分堅持我們要在人世的時候就療癒好自己的成癮問題。若不如此，便會跟安妮瑪莉一樣，把成癮問題帶到靈界。如果心思仍專注在塵世的上癮事物，靈魂便無法進化。雖然癮頭終究會消去，但若能在人世的時候就戒癮，我們就少一項要做的未竟之事。

第八章　選走正道

「學習者總是從發現錯誤開始，但學者看到的卻是每件事裡的正面價值。」

——黑格爾

一九八六年的一個週日早晨，我在洛杉磯的哲學研究學會參加歷史學家曼利·帕爾默·霍爾（Manly Palmer Hall）的講座。霍爾先生是二十世紀最偉大的新思維哲學家之一，他寫了上百本有關靈性的書，其中多數被新時代社群視爲經典之作。當時，我聽到一句話：「選走正道（take the high road）註：表示做對的事，以合乎道德，以正當的方式做事，行事光明磊落，也有康莊大道之意。」那個早上聽他演說，我就像是拿到朋友給我的一把鑰匙，從此開啓了正確觀點的門。由於他的一席話，我不再對那些只要著眼大局便顯得微不足道的小我小事鑽牛角尖。

前不久有個晚上，我前往洛杉磯聞名遐邇的梅爾羅斯大道，和我認爲是天使僞裝成凡人的好友麗莎，在餐廳共進一頓美妙晚餐。當我們聊到彼此最喜歡的主題之一——人生，選走正道的概念再度出現。不論是講電話或見面聊天，我和麗莎經常就生、死，還有人們選擇表現出某些行爲的原因進行思想上的對談，往往一談就是好幾個鐘頭。那晚，我提到好萊塢的人有多令我沮喪。「他們毫無尊重和覺察。」我評論：「爲了一點小錢，他們誰都會剝削。」我眞心爲此感到悲哀。

麗莎眼裡閃著光彩，看著我說：「永遠要選走正道，詹姆斯，那裡比較不擠。」

她說的沒錯。我知道好萊塢令我心煩的都是些瑣碎的事。是我的自我受了傷。我只是對那些人沒意識到他們的靈性責任感到厭煩。

我們全都會對自己無法控制的事，或是當別人顯然爲了一己私利而利用我們感到灰心氣餒。如果我們能夠用不同的角度去看這些情況，人生路上必會少些沮喪受挫。當生命中出現不好的事，我們會很難專注在好的一面。然而，若能把注意力放在眞相和我們的目標上，我們的生活會自在且自如許多。長遠來說，我們會更健康，更有效率，並且是更有靈性的人類。

所以，要如何訓練自己選走正道呢？首先，我們必須找出是什麼讓我們遠離了正道。我建議你用一點時間，到一個不受打擾的安靜地方，看看自己最近對生命的境遇都作何反應。

你是立刻變得負面嗎？負面思考會侷限你的觀點。你悲觀嗎？「我長得不夠好看，他永遠也不會喜歡我。」「誰在乎他們怎麼想？他們反正都很蠢。」你有沒有意識到自己破壞性的思考？你看到可以用正面心態來處理情況嗎？

你是否常在沒有證據的情況下就做出假設和驟下結論？在對某個情況還沒掌握到所有資訊之前，不要急著做決定。有一句很棒的諺語這麼說的：「隨便假設就是讓你和我都變成個蠢蛋。」在你驟下結論之前，停下來，將自己抽離眼前的情況。深呼吸幾次，問問自己：「這其中的最高善利益和意義是什麼？」事情之所以會以某特定方式呈現在你面前可能有很多理由，但眞相卻不見得顯而易見。

你是否因爲低自尊和低自我價值感而侷限了自己的世界？如果你這麼思考：「有誰會想要我？我永遠也結不了婚。」或是：「我這輩子絕對不會有錢。」那麼你就是在畫地自限，在你的生命裡創造出那樣的特定情境。

你是否經常不滿，動不動就發脾氣？你是否對自己說：「好事永遠不會降臨到我身上」？這類思維阻擋了人生的可能性。如果你覺得自己像個受害者，你就已終止了生命神奇的力量。你的人生將反映出你停滯的狹隘心胸。一如我之前說過的，恐懼是侷限，愛是無限。在這本書裡，我會一再強調這點。

傲慢是另一個避走正道的方式。當你認爲周圍的人都錯了，只有你有對的答案，你的自大會阻礙直覺與能量的流動。你基本上是給自己蒙上了眼罩。你將因此錯過生命中的許多事物。

面對事情要如何反應是你的責任。正面思考和信任別人會開啓通往奇蹟的門。境遇、人際關係、工作、金錢，無論你想要什麼，都將以最不可思議的方式，你預想不到的方法展開。當你掌握自己的思想，你就是走在正道，也就是迎向康莊大道。

開放的心胸就是開放的心靈

因爲靈魂是擴展性的，要替靈界傳遞訊息給一個思想負面且侷限的人，對我來說十分困難。爲了讓靈魂能與我們接觸，我們的心必須能夠接納各種可能性。負面思考、懷疑主義和掌控會設下界限，阻礙了靈魂使用我們的能量與我們溝通。以下的例子即顯示破壞性的思維和懷疑主義如何封閉了溝通的管道，將一個女兒對愛的絕望呼求摒之在外。

我是在紐約的觀眾面前進行這次的現場示範。在通靈即將進入尾聲時，一位年約三十歲的女性靈魂出現了。

「這裡有位年輕女子，她給我的縮寫字是J. T.。有誰是這個靈魂的親屬嗎？」

過了難捱的五分鐘，一位男士舉起手來，並指著他旁邊的男子。

「那是他的名字縮寫。」

我走向那位一副拒人於千里之外模樣的男子。「我可以過來找你嗎？先生？」

「我不是很信通靈。」他回答，指向左邊的男人，「這都是他的點子。是他把我拖來這裡的。」

這種話我聽過很多次，不過我還是繼續：「你叫什麼名字？」

「傑克。」

「傑克，有個女子站在你旁邊。她給我看一間醫院。她是在聖文森醫院過世的，正確嗎？」

「我眞的不曉得你在說什麼。」

看得出傑克不想和這個靈魂說話，他們之間一定有什麼問題。

「她現在給我看血，血中有一些深色的斑點。她罹患了癌症，是嗎？」

傑克不相信通靈是眞的。「我眞的不想唱和。」他答道。

我知道他認得這個靈魂，只是不想承認。他非常封閉，要鼓勵他參與，感覺就像是拔牙般費力。

「你很封閉。」我說：「當你封鎖住自己的能量，我很難跟靈界聯繫。她有很多事想跟你說，你卻不給她這個機會。」

觀眾轉過頭來看著傑克，顯然也和我一樣感到挫敗。感覺得出他們希望我去幫助別的人，幫助其他渴望與已故親友溝通的觀眾。

「你知道嗎，傑克，這位女子想跟你說些事，但如果你不開放自己接受她，我也沒辦法強迫你。」

「很抱歉，我眞的不信通靈。如果這個靈魂眞像你說的想跟我談，爲什麼她不在活著的時候就跟我說？」

「她是你女兒嗎？」我訝異地問。

傑克悶不吭聲。觀眾中有人發出不滿的聲音。

「你女兒告訴我，她住院住了很久。她想打電話給你，可是你不接。你們兩個起過爭執？」

傑克眞的不想參與，所以只是不爲所動地坐著。雖然對我來說很難再繼續，但這個靈魂很堅持。「你至少可以承認這個靈魂是你的女兒嗎？」

傑克旁邊的男人開口代友回答：「對，瑟西莉亞是他的女兒。她去年因爲血癌過世了。」

至少有了些回應。靈魂於是使用傑克朋友的能量。「你因爲瑟西莉亞的老公和她發生爭執，對嗎？」

傑克靜靜地坐著，拒絕回答。他的朋友點頭確認。

「瑟西莉亞告訴我，因為她老公是穆斯林（回教徒），所以你生她的氣。你不要她嫁給這個男人。」

觀眾嘩然。

傑克坦承：「我不喜歡他，不過這和他是回教徒無關。」

「你女兒想跟你說，她原諒你。她現在跪了下來，她在哭泣。你想對她說什麼嗎？」

傑克拒絕再承認什麼。我為這個靈魂感到遺憾，但我只是個管道，無法強迫別人做任何事。

我轉向傑克，問：「為什麼你不肯接受女兒的訊息？」

傑克默不吭聲。

這時，一位指導靈出現了。那是穿著一身鮮豔多彩的日本和服，綁著腰帶的美麗女子。她用雙臂擁抱瑟西莉亞，兩人隨即一同消失。我改和別的觀眾說話。

活動結束後，我在觀眾席的後方簽書，傑克的朋友遞給我一本書請我簽名。他聳聳肩。「我能說什麼呢？傑克是很難應付的人。」我們兩個都笑了。

幾個月後，我在我的網站收到傑克寫來的電子郵件。他對他的行為和冷淡的態度道歉。他說他很怕在那麼多人面前承認自己錯了，不過他謝謝我為他的女兒傳遞訊息。

假如你的思維模式和傑克一樣以情緒為主，這會使你看不清事情的原貌。傑克是對自己的情緒而非對實際情況回應。他卡在「我很不開心」的念頭裡，不肯承認他和靈魂的父女關係。他不只對特定的種族文化有偏見，也驕傲到不肯承認自己可能錯看了女婿。

我們無法控制別人的反應或動機；這是最難學會的事情之一。傑克的固執固然令我灰心，但我無法改變他的心思。諷刺的是，就某些方面來說，我的工作最好的部分也是我最糟糕的地方。因爲生性敏感，我能夠強烈意識到別人的不誠實和不直率。要批判這些人很容易，但這不是我該做的事。他們就是他們，我無法控制他們。有好多人寫信給我，談到他們所愛的人不相信通靈和死後的生命，以及這多麼令他們沮喪。我告訴他們，就如我告訴自己的，他們的實相是他們的實相。懷疑論者認爲他們做的事是對的。而既然他們欠缺覺察和敏感，會如此反應也是無可厚非。我必須如實接受這點，並意識到我只能爲自己在世的每一步負責。

一個溫和的靈魂

我透過通靈所得到最具啓發性的洞見之一，說來完全出乎意料。它戳破了「人死後對宇宙會有完整的知識和體認」的信念；這個想法絕非事實。

許多靈魂說過，他們仍然持續在學習新事物，尤其是透過觀察人世裡他們所愛的人。靈魂總是觀看我們面對各種生命情境時的反應，並從中得到新的知識。

在書寫本書的期間，我受邀到雷諾（Reno，一個賭場城市）進行現場示範。那是我第一次要在那樣的地方與靈魂溝通，心裡不免有點存疑。我還記得剛走進賭場的情形。除了門一打開的滿室煙霧，我看到在人世徘徊不去、依附在不斷按著吃角子老虎機器的賭客身上的靈魂，數量也多到令我詫異。我立刻覺得自己像是踏入陌生領域的陌生人，我想著：「我沒辦法在這裡工作。」這裡的能量充斥著被汙染的心靈氛圍，擴展群眾的意識幾乎會是不可能的任務。然而，我在那場活動所得到的反應卻令人驚訝。那群觀眾心胸開闊，對我來到他們的世界充滿感激，更豎耳聆聽我嘴裡說出來的每一個字。他們是那麼地興奮，我被他們發自內心的眞誠反應打動而感到謙卑。

從活動一開始，我便被一個似乎剛到靈界的靈魂吸引。我這麼說是因爲當我接通他的能量，他給我的感覺像是才剛過世。他也很快地對我表示，我剛到這裡。他站在觀眾席最左邊一位蓄著灰白長鬢角、綁著馬尾的男人旁邊。

我朝那個位置走去，一邊問道：「你是不是叫梅森？」

男人站起身來。「對，我是梅森。你可以叫我梅斯。」

「你弟弟在這裡。他似乎剛到靈界不久。他是最近過世的嗎？」

「對，五個月前。」梅斯回應。

「你弟弟正在描述他的喪禮，他很高興看到他所有的朋友都到場了。他告訴我，他死後見到了很多家人。」

「對，我們家是個大家族。我很高興知道他們都去迎接他。」

「我現在接收到一個縮寫字P。」

「那是我弟的名字，彼特。」梅斯回答。

「彼特謝謝你教他如何待人處事。」

「他從來不輕易相信別人。」

「當他對人不友善不體貼時，都是你在教他。他不是那種會對人表現同情心的人。」

「對，他待人挺苛的。」

「現在這裡有一群人。」我在聽那群人說話。「他們跟我說，他們以前玩橋牌。可是我看你不像玩橋牌的人。」

「是啊，我可能看起來有點邋遢，不過外表會騙人。」

「你說得對。你的朋友能夠感受到你的愛，所以他們常常來看你。」

「太棒了！告訴他們我很想他們。」

「他們聽得到你的話，梅斯。他們當中有個人跟我說，你非常有靈性，但你不走宗教的路線。」

「對，我沒有什麼宗教信仰。我認識很多不同信仰的人，也儘量包容每個人。沒有理由去批判他們。」

「他們向你道謝。他們從你身上學到許多和人有關的事。他們看到自己是如何批判別人，但你沒有。」

「謝啦，大夥兒。」梅斯有點不知所措。

「做得好，保持下去。」我對梅斯說，然後轉向其他人。

如你所見，梅斯的正面觀點、同情和不帶負面的批判，教導了周遭的人摒棄狹隘的心胸和批判的眼光，改以友善的態度對待別人。

改變你的思想

一旦你已經評估過自己負面的想法，就是你以正面來取代負面的時候了。舉例來說，「我不夠好」可以改成：「我一天比一天更好」。「我沒有錢」的想法可以用「我要多有錢就會多有錢」取代。對人生的每個面向你都必須正面思考，以便吸引正面的事物。當你下定決心在每件事裡看到好的一面，你將爲自己創造出更正面的人生。

一如人生中的每一件事，改變思想是一個過程。這對你來說是新的練習，所以要有耐性。改變不是一朝一夕之事。你可以把這個練習想成是一種遊戲，看看你有多少次逮到自己冒出負面思緒，然後用正面念頭取而代之。只要有意識地這麼練習一個月，你絕對會注意到情況有所改善。正面會吸引更多的正面。我對我所有的學生都推薦一本很棒的書，幫助他們將負面思維轉變得較爲正面。那本書是《失落的幸福經典：影響千萬人的生命法則》，雖是作者佛羅倫絲·辛（Florence Scovel Shinn）在一九二五年新思維（New Thought）覺醒期間所寫，至今仍很有道理。事實上，今日甚至更爲適用。

多年前，當我開始有意識地擺脫負面思維和生命中所有負面事物時，我注意到的第一件事，就是有些維持密切交情好幾年的朋友從我的生命中消失了，而正面、更有愛心的人很快取代了他們的位置。當你改變自己的思想，變得正面有力，人生的每個面向都會跟著改變。在你持續改變自己思想的過程中，你可以爲自己設立一些目標，並儘可能想得具體詳盡。不論目標多驚人或大膽，如果你想要，把思想傳送出去並且把你的目標看成是已然成眞之事。

在我的思考變得比較正面之後，我認爲是爲自己列出目標的時候了。我決定從當時居住的洛杉磯往郊外走，好讓自己的思路更清晰。我在聖塔莫尼卡的巴士站，搭上一班前往聖塔芭芭拉的巴士。在巴士行駛於高速公路的途中，我放鬆地靠著椅背坐著，欣賞沿路的海岸風景。抵達目的地後，我先走進一家文具店，買了一本空白日誌，然後走到海邊，找了一塊大石頭坐了來。眼前優美的風景令我心情愉悅，我接著便開始列出未來十五年想要達成的目標。其中之一是成爲紐約時報暢銷書作者，好讓我的理念傳遍世界各地。另一個是擁有自己的房子。這兩個目標（還有其他八個目標）都在後來的十五年內一一實現。記得，你的態度要正面且開放。不要去控制宇宙用什麼方式實現你的目標。放手交給上帝，知曉一切都將在神聖且適當的時機賜予你。

說對不起

意識到自己的思考模式，擺脫思想和生活中的負面因子，是走上康莊大道的根本。然而，你若緊握著痛苦不放，不願意原諒和道歉，那麼這個基礎一點也不牢靠。爲了沐浴在早已等候你的光輝，你必須療癒尚未化解的情緒和沒有說出口的悲傷。你必須學習道歉。

與人們和睦相處的關鍵之一，就是知道何時該說對不起。以我個人來說，我發現當自己偶爾說話敷衍時，就會有人誤解我的話，他們會感覺不舒服或被冒犯。你永遠不曉得別人對你做的事會有何反應，也不知道你說的話會引發對方哪種情緒。小事情也可能被無限上綱。當人們心裡有怨懟，怨懟會擴大爲衝突。倘若明顯是你冒犯了別人，請立刻道歉吧！我經常這麼做，因爲我不想任何人有任何誤解。

然而，我們要怎麼分辨生活中哪個部分需要道歉？左列的問題可以幫助你評估：

- 你有因爲信任的問題而難以維持一段感情嗎？
- 朋友或家人比以前少打電話給你？
- 你老惦記著過去觸怒你的事？
- 最瑣碎的小事也會讓你大發雷霆？
- 你覺得自己說的話都沒人聽或是沒有人眞的瞭解你？
- 你發現自己依賴酒或藥物來逃避衝突？
- 你是否覺得人生已失去意義？

以上的問題只要有任何一題的答案是肯定的，你有可能需要向某人道歉。你可以問問相關的人是否被你說的話冒犯。有時某人不想講，便只跟你說：「沒事。」可是幾個月過去了，那個人仍然不想和你有什麼瓜葛。他顯然沒有勇氣告訴你事實，所以沒有誠實回答你。這是個棘手的處境，但別人有他們的理由，你能做的也就這麼多。只要誠實面對自己，並努力修補破損的關係就好。

把你覺得需要表達歉意的對象，包括那些討厭你或是對你懷恨在心的人，通通寫下來。列出名單後，在每個人的名字旁邊寫下你冒犯他們的地方，以及需要道歉的理由。如果不確定是否有必要道歉，你可以問對方你們之間是否有嫌隙，或許能因此解開誤會。

道歉不是件容易的事。很多人覺得，要承認自己傷害或冤枉了別人，在面子上會掛不住。有時我們的驕傲會妨礙道歉，而我們也不確定該如何開口。以下歸納出幾點如何著手的技巧。

首先，你必須對自己承認，你冒犯了別人。你可能不是很清楚情況，或許你需要看看別人對你的反應。重要的是，你要爲自己的過錯或冒犯別人負起責任。

確定你的道歉是出自眞心誠意。對方感覺得出你是否眞心表達歉意。重要的是，你要跟對方解釋你不是有意冒犯。你必須讓對方明白，你很認眞看待此事，你也意識到你的行爲爲對方帶來麻煩或造成了困擾。

你要表示你的懊悔，不要替自己的行爲找理由，否則道歉會顯得虛情假意。對方需要知道，你確實因自己的行爲而難受，而且你很抱歉。你也必須讓對方知道，你願意改變和修補你所造成的損害。舉例來說，如果你是一時嘴快冒犯了某人，你可以表達你以後會對自己說的話加倍小心。

最後，做好對方可能不會接受道歉的心理準備。對方接不接受沒有關係，最重要的是你說出了你的想法，而且言語和感受都是發自眞心誠意。你無法控制對方會如何反應，所以也只能放下。再次地，沒有人可以控制別人和他們的感受。

就算無法當面向對方致歉，也還有其他的方式可以表達歉意。你可以嘗試不同的方法，看看哪一種可以更觸動對方的心。

你可以打電話給對方。有些人覺得不面對面會比較自在。大多數人也都透過電話道歉。打電話會讓你和對方有著距離。這個方法在雙方分處不同城市時，自然可派上用場，但如果你覺得對方可能會有暴力或虐待舉動，也請使用這個方法。

還有一個是我告訴所有個案的做法：坐下來，寫張道歉卡或致歉函。因爲當對方知道你費了一番功夫坐下來思考和書寫，他們體會到你的誠意並接受道歉的可能性也相對提高。記得，你的話會變成白紙黑字，還會留存好一段時間，甚至被別人看到。這沒關係，因爲如果別人看到了，他們會知道你爲自己的行爲負起了責任，你選擇做對的事。

承認自己錯了並且道歉，對你身爲靈性人類的發展會有深遠影響。不論是對生者還是亡者，道歉效應之強大，超乎言語所能形容。

信

以下的故事發生在多年前我仍進行私人通靈的時候。一位名叫傑佛瑞．史萊齊克的年輕人照約定時間來到我在西好萊塢的家。剛開始時，他很煩躁，我不禁擔心能否成功與靈魂溝通。

寒暄之後，他說：「我眞的很想得到一些忠告。」

在我祈禱完後，我立刻看到一位女子站在他的右肩後面。我知道這一定是他的母親。

「傑佛瑞，這裡有位女性。我想她是你母親。她的名字很怪，聽起來像是男人的名字，像是羅伯，還是洛柏之類的。」

「羅貝塔，不過每個人都叫她芭比。」

「你母親和她的父母，也就是你的外公外婆在一起。她好像爲了什麼事沮喪，她很高興你今天能來這裡。」

「我整個早上都覺得她在我身邊。這大概是爲什麼我會這麼心急。」

「她說她懷著對你阿姨的不滿離世，她覺得你阿姨在嫉妒她。」

「對，沒錯！當然，我站在我媽這一邊。從我媽過世到現在，我還沒有和我的阿姨、舅舅說過話，連我的表兄妹也沒有。」

「可是你媽說她錯了。她犯了個很糟的錯誤，她希望你能替她彌補，畢竟她已經離開了。」

傑佛瑞很猶豫。「我現在的狀況不是很好。我不知道我能不能面對阿姨和舅舅。你跟她說我會試試看，但我不能保證。」

「我知道道歉很難，尤其是最初和對方起爭執的並不是你。可是你母親請求你寫信給你的阿姨，表達她的歉意。她說寫信對你來說會比較容易。道歉之後，她在靈界才能往前邁進。她告訴我，她現在被困在某個層次裡，如果要往上，必須道歉才能讓療癒開始。」

傑佛瑞難以置信地搖搖頭。「好吧，我會想想。」

我繼續與靈魂溝通了二十分鐘，傑佛瑞的媽媽和外公外婆紛紛表達他們對傑佛瑞的愛，傑佛瑞感到平和許多。

「謝謝你，詹姆斯。我感覺好多了。希望我能勝任那個任務。」

一年後，我遇到介紹傑佛瑞來找我的人，潘妮。

「你爲傑佛瑞帶來了奇蹟。」潘妮說道：「你給他的訊息讓他很感動，尤其是他媽媽說到有關他阿姨的那些事。他寫了封信給他阿姨，替他媽媽也替他自己道歉，可是信被原封不動地退回來了。幾個月後，他要開車去某家店，一隻流狼狗跑到他的卡車前面，還好他即時煞了車。他照狗脖子項圈上的電話號碼打了過去。結果你猜那是誰的狗？」

聽到這裡，我完全被吸引住。「誰？」我性急地問。

「他表妹的狗。」

「開玩笑！」我驚呼。

「還不只這個呢。」潘妮又說：「他帶那隻狗回去時，他的阿姨也在那裡。他們正在辦生日派對。」

「太奇妙了。」

「傑佛瑞提到他寫的信，他阿姨說，她從來沒收到那信。她告訴傑佛瑞，她很遺憾她和芭比的關係最後竟是那樣的結局。她說，她很希望能讓事情回歸正軌。傑佛瑞跟他們提到你。他阿姨很開心能聽到芭比的消息。」

「我也很高興聽到這件事。現在芭比可以往前邁進了。」

「還有一件事。」潘妮又說：「傑佛瑞那時已經失業半年。他阿姨詢問他的近況，於是他告訴她失業的事。他阿姨說她知道有人要請人，並且幫他安排了那份工作。」

我們每個人都有改變自己的力量。當我們道歉、寬恕和選擇正道、做對的事，美好的事情便會發生，而傷痛就是在這個時候眞正開始療癒。今天就做一點「選走正道」的事吧。從爲別人開門或是按電梯門等等後面的人開始。向服務生、公車司機或計程車司機道聲謝。

開始提升你的意識，在每個你遇到的人身上看到神。你越是認知和連結到他人的高我，你越能瞭解他們眞正的靈魂本質。每個人的道路會因此變得更清楚，也會走得更平順。

第九章　清明的意識

人生是一個「變成」的過程；是我們必須經歷的種種狀態的組合。人們之所以失敗是因為他們希望選定一個狀態，然後就維持不變。但那是一種死亡。

——美國女作家阿娜伊絲・寧（Anaïs Nin）

我這幾週對那個夢的探索陷入了停頓。我記不得任何與那個夢境有關的內容。不過，在連續兩天不斷請求宇宙為我把那個夢畫下句點後，它眞的發生了。

那天早上四點，我起床上廁所，當我再倒頭回去睡後，我進入了很深、很深的睡眠。我清楚地感受到，每次那個夢進入我睡眠意識時所出現的熟悉感。我發現自己凝視著幾幅花卉油畫，然後是一幅風景畫，接著是一幅加州丘陵。我認得這些畫！我以前看過！可是，是在哪裡呢？夢中的我想起這些都是幾週前出現在夢裡的圖像。只是在第一個夢中，我是從醫院的窗戶往外看到那些景色。

接著，我感覺自己被拉到另一個地點。我置身於一個家庭舊貨出售的現場，那些畫則是待售物品中的一部分。我先是往右張望，然後再往左看，我看到很棒的裝飾藝術風格的珠寶，包括手鍊、耳環和各式各樣的鐲子和珠子，每一樣都是那麼眼熟，宛如我曾拿在手裡把玩。

我看了看庭院，然後望向車庫。有好幾個人走來走去。一個嬌小的黑髮女子轉過來對我微笑。她的雙眸比我所記憶中的還綠，笑容更是讓整個空間都亮了起來。她的身子一個往右，走過來牽起我的手。「噢，詹姆斯！」她說。眼前這位女士，是幾個月前才剛過世，和我住在同一條街上的好友。這個夢感覺好眞實，我驚訝到從床上彈起大喊：「薇奧莉特！」

每當有自己認識的人與世長辭，總會讓我們意識到自身的死亡，並迫使我們認眞思考自己是誰、未來又要怎麼走。薇奧莉特的死對我就有這樣的影響。

人生到底是怎麼回事？你是誰？你會怎麼描述自己的人格特徵、所受的教育、從事的行業、生活經驗和現在所過的生活？這些就是全部的**你**嗎？當你凝視著鏡子，看到鏡中人回望著你，你可能認爲那就是你。然而，你既然能用你的腦看到你的身體，所以在實質肉體之外，顯然還有心智的成分。你可以進行理智的思考、合理的解釋、閱讀、書寫，還有做決定。如果你能有意識地去覺察這些能力，你會活得比你所以爲的你更加豐富。因爲你即是意識本身。你是**覺察**的意識。

認爲自己所愛的人**死**了其實是件諷刺的事。因爲事實上，那些所謂死去的親友比在塵世的我們更有生命力。靈魂處於新的意識層面，那是他們在人世逗留時沒有認知到的意識。許許多多的靈魂這麼對我說：你們說我們死了？你們大部分的人才是行屍走肉！你們對周遭或內在的世界毫無覺察。

在人世的我們常常讓自己的生活忙得不可開交。事實上，許多人都會列出待辦事項。我們是如此埋首於做、擁有和製造，而非**存在**。我們的生活是一連串的例行公事。上班、吃飯、賺錢、回家、吃飯、睡覺。隔天，同樣的程序再來一遍。

我們的心靈充滿了其他人的投射和批判，而大多是以恐懼爲基礎。因爲對這些投射和批判信以爲眞，多數人活的是別人的人生版本。而當我們活在父母、配偶、教會和媒體有意和無意的投射下，我們很難知道自己眞正是誰。

沒錯，我們全都想被愛，也想取悅他人。可是，我們不該因此犧牲了自我價值和自我意識。爲了實現他人的期望與投射，我們往往願意把自己撇在一旁。我們擔心過去和未來，但它們其實並不存在。過去和未來僅僅是個概念，我們能掌控的只有現在。生命是由一個又一個的片刻堆砌而成，而我們對自己的每一刻都負有責任。我們可以用**事物**來塡塞生命，也可以用它們來使自己對自我和我們所居住的世界更爲覺察。我們必須超越生存，眞正地**活著**。當我們花時間探索眞正的自己，許多不同的意識層面便會被開啓。然後，很快地，我們會發現，自己遠比實體的外觀和肉體生命更偉大。肉體眞的只是冰山的一角。

靈魂不斷談到他們在塵世時最大的失察：沒有意識到肉身只是靈魂的容器，而靈魂是超越五感的存在。他們殷切地想幫助我們瞭解**思想**的價值。是我們的思想決定了這個世界是神奇抑或悲慘。思想引導人生的一切。你可以把它想成是生命交響樂的指揮，那麼你會希望那是莫札特，還是聽過即忘的曲調裡的寥寥數個音符呢？只要每天花一點點時間，你就能學習用正確的方式使用心靈。

另一件靈魂在靈界意識到的事，就是神的實相和他們在人世所被教導的很不相同。我們在成長的過程中大多會被灌輸某種對神的信念。宗教信念體系常被歸在「靈性」這個廣泛的標籤下。然而，對我來說，宗教和靈性是兩個非常不同且各自獨特的概念。一個虔誠的信徒不見得是靈性的，而一個有靈性的人不見得信教很虔誠。靈性是一個人如何表達自己的**靈魂**，宗教則是一套加諸在個體靈性上的規則和限制。前者是自然和無限的，後者是人類的產物，而且是有限的。

靈魂依據他們在塵世時各自不同的信念系統，說了許多有關神的有趣評論：我感覺神無所不在。神是我們看到和碰觸到的一切。在這裡遇到的每個人身上，我都感覺到神的存在。靈魂發現，神不是存在於不同地理位置上的某個人，而是無處不在的能量，神是滲入且瀰漫在所有事物和所有人的一種意識。

冥想和祈禱

事實上，神是沒有形體的多次元實相，非常近似穿越宇宙的電磁波。你可以想像自己站在海灘，看著太陽的光線在海浪中躍動並照亮了海底。神的多次元意識就像是穿越海水的陽光。祂的能量滲透我們的內在和周遭一切。

這種多次元透過一連串的頻率或是不同層次的實相運作。這些實相不是在我們之上或之下，而是在我們之內。上與下的概念和天堂與地獄有關。我在工作坊和書中都說過，天堂和地獄不是在上、下或任何**地方**。在尋找這多次元意識的最高層次時，我們需要往內探尋。那裡，才是神之所在。

不論你怎麼稱呼神，不論你稱祂是耶和華、阿拉、自在天（Ishvara，編註：指至高無上，創造世間萬物的神）、道、偉大聖靈或是耶穌，事實上，只有一個**無形體**。那些尋找神並渴望能和神建立關係的人們其實只需向內探尋。但我們要如何才能進入這個內在的世界？許多聖人傳承下來的方法是透過祈禱和冥想，讓心靈安靜下來。

祈禱是我們所擁有的最棒的工具之一。透過祈禱，我們連結心與靈魂，因而超越肉體。我們導引自己的思想與渴望朝向那單一的力量，那充滿生命力的源頭。我們並不需要是在一個特殊的建築物裡，不用是進行某種特定儀式就能和神說話。神無所不在。神是不受限的。

你可以選擇以任何方式祈禱。祈禱時，要認知到眞理就存在於你心裡。爲自己祈禱並非必要；瞭解到我們的心就是神的居所，我們便能認知祂早已知道我們的需要。神就住在我們的心裡，祂既然在我們的心裡，自然知道我們所需的一切。我們越有覺察力，越能意識到所有事情的發生都是有原因的。受苦、疾病、災難、飢餓、瘟疫、病毒等等，無不是靈魂在各自神聖的路途上必須學習的課題。

祈禱的理想方式是無我。爲他人祈禱在我們的內在創造出美好的感受，引導能量遠離自我中心並轉移到他人身上。對別人付出實際上就是對自己付出。我常對觀眾說，當眞心誠意且謙卑的祈禱，就像是將自己無條件的愛的珍珠送予他人。

如果你想知道自己在人世的目的，想知道要如何更有愛心，或是如何克服一個困難的情勢，我的答案永遠是**冥想**。祈禱和冥想之間的差異在於，當我們祈禱時，我們是在要求某個什麼，而冥想卻是聽取答案。冥想可以是正式或非正式的。正式冥想的時候，你遵從某種形式，例如採取某種坐姿，閉上眼睛，念誦眞言等等。自由冥想則沒有條件，你甚至不必閉上眼睛。個人來說，我有我自己的冥想方式，兩種冥想法也都會用上一些。正式冥想時，我會使用過去這些年來創造的冥想法——引導式冥想，引導自己進入心靈的核心。我冥想的另一種方式，是去花園澆水、插花、眺望大海、閱讀，或是畫畫。所有的冥想都有一個共通點——讓忙碌的心思安靜下來。

冥想背後的概念不必然是強迫自己心無旁鶩。我們反而要去承認那些令我們分神事物的存在，並且讓它們如實存在，不試圖去改變它們。比方說，你盤腿坐在一張墊子上，很正式地冥想，可是你的腦袋卻不斷碎碎唸著生活、家庭、晚餐要煮什麼，不然就是被傳入耳裡的外在聲音干擾，例如割草機或別人的談話聲。你要做的是在心裡承認這些分神事物的存在，然後把它們放下。你越不去批判它們，它們就越沒有力量，你也越能進入一個放鬆的存在狀態。這意味著放棄控制，所以起初多少會有點令人氣餒。對於那些有強迫性的行爲、容易分心的思考模式，或是情緒低落的人來說，控制似乎是唯一令人有安全感、唯一要緊抓的事。事實上，試圖去控制這些令人分心的事物反而使它們緊抓著我們。而你越是放下，越能高飛。爲了擴展和抵達新的意識高度，我們不能將自己綁在地上，否則地面將是我們眼中僅見的**一切**。

透過持續的冥想練習，我們將開始看到更大的全局，以及自己在其中的位置。它也會使我們對自己的生活有更大的掌握，我們將開始認知到自己存在的核心，也就是眞我（而非自我）。

冥想幫助我們發展多次元的意識，意識到自己與愛的連結。我們越常冥想，越能感受到神／愛。冥想時，我們清楚看到是什麼讓我們遠離愛的意識。我們將因此學到，恐懼、貪婪、憤怒、嫉妒、暴力、自我放縱和羨妒的沉重能量，是如何讓我們遠離眞實，干預我們實現自我，而實現自我的人生才是我們能引以爲豪的事。

冥想可以讓我們達到不同層次的意識。一旦透過深度的沉思脫離自我中心的侷限，我們便得以自由高飛，意識到自己眞的是更大意識的一部分，與萬事萬物俱爲一體。這種領悟即爲宇宙意識。從較高的觀點認知這個世界，有助我們瞭解自己的路，還有自己給自己設下的限制，以及自我所創造出的不必要阻礙。

從較高的觀點去看人生時，我們會發現眾生的美，我們的心靈又是如何禁錮著自己。我們終於瞭悟，抓著過去不放只會扼殺未來豐盛的空間。最重要的是，我們明白了恐懼才是眞正的罪犯。

當我們驅逐汙染心靈的恐懼後，我們會知道愛能輕易地解決人生所有的問題，此外，我們也領悟到不幸的遭遇裡所蘊含的珍貴課題。我們清楚地看到對靈魂成長更好的選擇，還有它們帶給別人的喜悅。最後，我們將深刻地意識到自己與一切的連結，以及我們的思想如何對別人產生正面或負面的漣漪效應。

我找到神了

以下的通靈是在我家裡進行。我有個神父朋友，他曾經對自己很不滿意，並且認真考慮脫離神職。起初，我有點不確定透過通靈得到的訊息是否會是他想聽到的，但我仍照一貫的做法，請求指導靈的指引。我先祈禱，然後將一切交給神。

「華倫神父，你感覺還自在嗎？」我問神父。

「我準備好了，詹姆斯。」

我閉上眼睛，突然覺察室內有股強大的能量在場。是一位修女。

「華倫，有位修女在這裡。她開闊的心胸充滿了愛。很有力量。」

「我也感覺到她了。」華倫回答。

「她告訴我她愛你。」

「是的，我知道。我也愛她。」

「瑪格麗特是誰？」我問。

「瑪莉·瑪格麗特修女。就是她。」

「她說，跟隨你的心。」

突然間，另一個靈魂現出形體。一個穿著神父袍的矮小結實男人。

「現在這裡有另一個人，華倫。他看來像是神父，只不過他穿著比較鮮豔的祭袍。」

「一定是艾岡閣下（閣下是對天主教高級神職人員的尊稱）。」

「他跟我說，他剛到另一個世界的時候很茫然。」

「我不懂。」華倫神父說：「他非常虔誠。我很確定他一定直接上了天堂。」

「他說一切都和他期待的不同。沒有聖人迎接他，沒有他所期望的天堂。他本來以爲會有天國的唱詩班和耶穌，但那些都沒有發生。」

華倫神父露出像是被雷打到的神情，看著我說：「他是什麼意思？」

「他說，他沒有得到教堂說他會得到的那些。眞正的情況是，他最後到了他在祈禱和沉思時的同一個地方。他並不是身在他過去所相信的天堂。」

「不可能。」華倫神父說：「我們是神父。我們替耶穌和教堂服務。那是我教導大家的事。天堂怎麼可能不存在？」

我用同情的眼神看著神父。「艾岡閣下**是**在天堂裡，只是那不像你們所以爲的是個明確或確切的地方。」我往上看，又說：「天堂不在上面；天堂就是他在的地方。神不是在他之外；神是在他之內。」

「我不確定我相不相信你說的話，詹姆斯。」

我花了點時間和艾岡閣下釐清想法。

「艾岡閣下說，一如上了天堂的耶穌，我們只有往內發掘眞正的自己才會上到天堂。」

華倫神父靜靜地坐著聆聽。

「他要你知道，你是個好神父。你已經開啓了很多人的心，讓他們開始思考自己靈魂的眞相。不要灰心。他知道你很叛逆，然而教會需要叛逆的人才能革新和前進。」

這次的通靈對華倫神父很有啓發作用。幾個星期後，他打電話給我，說他決定繼續留任神職。

「你知道，詹姆斯，起初我很懷疑你說的話，但後來我坐著禱告了很久，還聽到了艾岡閣下對我說話。我意識到過去我所說和所做的一切是因爲我是被那麼教導的。可是我對遵守規則和追隨特定模式又不是很開心。現在我對自己是誰感覺自由多了。我聽著自己的鼓聲前進，即使那和教會對我的教導並不完全一樣。事情必須更新。我會教大家信賴自己，聆聽他們內心的神。」

如同華倫神父所學到的，「認識神」這個概念顯然涉及了內觀，看到內在一切比外在事物更加豐富，或至少不相上下。由於太在意物質世界的幻相，我們被自己執著的事物束縛而失去自由。我們想要自由，但幻相卻成爲我們的現實，甚至強大到成爲一個永不休止的循環。我們必須走出幻相，由心去看這個世界。

許許多多到了彼岸的靈魂傳遞訊息，告訴我他們的離世對尚在人世的親友是個禮物。那些親友因爲哀慟和悲傷，終於展開內在的靈性之旅。若非體驗到所愛之人的死亡，那些人的注意力可能還止於自己的肉體。他們將會一直被困在幻相的世界，從不去質疑在物質世界之外還有些什麼，直到所愛的人在死後出現他們身邊，給了這些在世者動力向實體世界之外尋找一個能夠滿足他們靈魂的所在。

你是警醒著還是心不在焉？

當我們對自己和環境變得覺察，我們便開始了**警醒**的生活。警醒是帶著對當下的覺知，看待較大的世界和自己的人生。

當你檢視日常生活，你大概會發現自己常常心不在焉。舉例來說，當你收到一張信用卡帳單，發現它比你以爲的高出許多，你的反應可能會是：「我那時到底在想什麼啊？」或許你正處於一段自己也知道有點虛情假意的戀情，只是用它來填補某種空虛。同樣地，你可能會問：「我到底在想什麼？」答案很清楚，你過去和現在都**沒有**在思考。你如果沒有覺察到自己是怎麼想、什麼感受和感知，你就成了受害者；你創造出對自己有害的境遇。

最近我在雷諾進行現場示範時，一個看來粗魯且強悍的男性靈魂出現。他在機車事故中死亡。他坦承自己犯了大錯，沒戴安全帽就轟隆隆地駛上馬路。他的心不在焉要了他的命。我們很容易心不在焉。舉凡找不到的眼鏡、亂放的鑰匙、讓咖啡壺空燒、忘了某人的週年紀念或生日、對別人的感受不夠敏感等等。

當日子在不知不覺中一天天過去，我們的身心等於是設在自動駕駛模式，憑著過去的認知、習慣的感受和行為，制式地對人對事做出反應。當生活變得像是例行公事，我們處理事情會是基於過去的傷害和背叛。我們不假思索地反應，宛如過去的經歷又再度發生。我們的腦袋想著別的事，沒有活在當下。因此，在生活裡，我們是**被動的**，我們不再掌握人生。而當我們練習警醒，我們就是持續在**提醒**自己，透過新的眼光去看事情。

缺乏覺察會導致嚴重的後果。對那位沒戴安全帽的先生來說正是如此。忽略內在的訊息，也可能會讓你錯過生命中重要的時刻，尤其是對你的感情、健康和成功有影響的訊息。舉例來說，如果你的身體試圖告訴你，你的健康已經亮起紅燈，可是你忙著去想其他微不足道的瑣事或過著不經思索的生活，對身體的警告絲毫不察，最後自然會陷入嚴重的健康危機。

最近，我和一位老友共進晚餐。我對她說：「我常常納悶自己為什麼會住在海邊。」我向來不是那麼喜歡海邊，也不喜歡曬太陽，不過，我是很愛衝浪。說到衝浪，我不是指我會去衝浪，而是喜歡看衝浪者乘浪前進。我可以好幾個小時觀賞他們在令人畏懼的浪濤中操控衝浪板。這會讓人陷入沉思。對我來說，衝浪猶如對人生的比擬。人生說穿了就是一連串平衡的動作。我們需要時刻警醒，才能把自己置於衝浪板的中心，並在問題出現時（好比一場大浪），懷著平靜、喜悅和愛，乘著浪頭直達岸邊。若是心不在焉，老舊的習性和情緒只會讓我們在狂暴的大浪中翻覆滅頂。

透過管理自己的思想，我們會不再那麼批判。如果不思考，我們很容易就又回到過去被人錯誤對待時的反應，說出像是：「那個白癡！」或「他們到底是有多蠢啊？」之類的話，不然就是使用更強烈、更充滿敵意的語彙。如果我們警醒著過日子，對自己嘴裡說出的話便會有所覺察。只有用清明的意識去看待和衡量事情，我們才不會又回到舊有的衝動和思考模式。

警醒帶我們進入較高的意識狀態，在那樣的狀態裡我們有無限的自由。當與較高層次的存在調諧一致，我們本性中較低的層面與先前隱藏的事物都會變得清晰可見。一旦認知到較高層面的自己，我們很自然地會變得更有直覺和創意，並能用迥然不同的觀點覺察到他人的感受。這就像是從靈魂的層面，而不是只從肉體／實體層面去看別人。原先對我們關閉的門戶也將一一開啓。

一目瞭然

聖彼得大教堂裡少說有五百個觀眾。我注視著最後一位走進來的女士。她穿著一身時髦的套裝，看上去有幾分心神不寧。她無聲地溜進空無一人的後排位子，就坐之後，放鬆地歎了口氣。在開始現場示範前，我先進行祈禱，室內立刻靜默了下來。我接著開始談到靈界，提到有幾位靈魂聚集在這座美麗的大教堂裡。

我說：「昨晚有個靈魂來找我，我今天也在這裡看到他。他是個瘦瘦的男子，一頭深色頭髮，穿著淺色夾克，手上拿著一本紅色的書。他想跟他的女兒聯繫。」最後一排的女子立刻高高舉起她的左手。

「這對你有什麼意義嗎？」我問。

就在我走到大教堂的最後面時，她點了點頭。

「你父親提到一本紅色的書。你知道那是什麼意思嗎？」

「哦，我昨晚夢到我父親，他在夢中遞給我一本紅色的書。」

「謝謝你的確認。你父親想告訴你，他非常以你爲榮。他說你的生活中有很多困難需要克服，但你仍然想當個治療師，這讓他感到十分自豪。你瞭解嗎？」

「瞭解。」女子回答：「我正在考慮要不要放棄企業的職業生涯，投入醫療和教育的工作。這也是爲什麼我會來到這裡。我聽過你的工作，我想我來這裡可能可以知道自己適不適合轉換跑道。」

「請問你叫什麼名字？」我問這位女子。

「雀兒喜。」

「你父親以你爲榮，而且想助你一臂之力。」

雀兒喜的臉看起來柔和許多。不論她原本有什麼恐懼，現在似乎都已消失。

「他說你想做的工作是對的，還說你會寫很多本書。」

「眞的？」雀兒喜驚訝地說。

「你父親在看顧著你和你的兄弟。」

「我很開心。但我弟弟現在過得很不好。」

「你爸爸是亞洲人嗎？」

「對，他是南韓人。」

「他很愛你們。這是他給你、你媽和你兩個兄弟的訊息。他也愛你同父異母的兄弟姊妹。」

「我沒有這樣的兄弟姊妹。」雀兒喜說。

「喔，問問你媽。他說她知道。」我轉向雀兒喜。「有時候我們不是什麼事都曉得。」

「這樣的事我不會不知道。」雀爾喜堅持。

「哦，這是他告訴我的。」我停下來聆聽靈魂的話。「他說今晚會改變你的人生。你將從不同的觀點和較高的意識去看自己。」我向她保證。

雀兒喜離開大教堂時，依然有滿腹的疑問。

那場活動過後幾年，我收到一位來自香緹的信。原來，雀兒喜改名了。她寫信來告訴我，她在通靈後的經歷。

親愛的詹姆斯：

聽你談話的那天，我一大早就起床了，不過因爲睡眠不足，所以覺得很累。我走去廚房，看到我母親坐在椅子上。她沒由來地跟我說起我父親十年前曾送過我一本書。我媽平時並不談到我父親的事，會提起來還眞的很怪。我請她把書給我。這就是我去聽你談話那天發生的事。

回到家後，我把你通靈的事告訴家人，他們的傷痛都得到很大的療癒。你曾提到我有同父異母的兄弟姊妹，可是我從來沒有見過他們，也沒聽說過他們的事。於是我問母親，她才告訴我，我們在韓國眞的有同父異母的兄姊。兩個月後，我的弟弟去韓國找他們。就在兩天前，我同父異母的姊姊把她和她弟弟小孩的照片寄來。看著照片，我哭了；他們看起來和我還有我弟長得好像。我雖然還沒有見到他們，不過我們現在全都感受到彼此間濃得化不開的血緣。詹姆斯，我想向你道謝，謝謝你確認我走在正確的路上，還有我們與萬事萬物之間的無限連結，特別是在實體世界以外的世界。我現在正在寫我的第一本書。

喜多娜靜修中心　團體靜修協調人香緹筆

收到香緹的信後，我曾與她連絡，知道了她原本是家電腦公司的主管，但在公司做得很不開心。她告訴我，我的通靈、她父親，還有同父異母的手足等等訊息讓她非常感動，她開始加強冥想，擴展意識。當這麼做之後，以往的生活型態對她而言便不再重要。她辭掉工作，搬到喜多娜（Sedona）修習。香緹現在是位治療師，協助他人找到自己的路。

清明的生活能讓我們更容易瞭解自己是多次元體系的一部分。時間為實體世界設了限，然而身為靈性存在體的我們存在於永恆。只要在這種較高的意識狀態裡，我們會意識到自己並沒有被束縛在三次元的有限天地，我們將可以帶著新的覺察度日。我們將發現自己原來有個極其美好的部分，而且在日常生活中隨時可以觸及那部分的自己。意識是全知的，它不會失落，不會受到傷害，也不會失敗。它是照亮無知和黑暗的光。我們將能用新的觀點看待日常的問題與煩惱，同時輕易地獲得解決之道。

意識是我們的希望、信念和愛。它是我們的全部，也是我們的未來。有了這樣的領悟，我們不再受三次元世界所控制，反而會開放自己去體驗和接收另一層次的覺察和知識。這便是我們超然存在的開始。

第四篇——新人生

第十章　超然存在

教導世人這三個眞理：慷慨的心、和善的言辭，以及一個服務與慈悲的人生，這是讓人類得以延續的三項事物。

——佛陀

人生是趟神奇的旅程，而且它在宇宙的萬事萬物裡，是個一眨眼便結束的旅程。當人死的時候脫離肉體，靈魂會體驗到一種排山倒海而來的自由、平靜和喜悅感，並且立刻有種自己與萬事萬物合一的印象，體悟到自己是宇宙拼圖中不可或缺的一部分。靈魂在初抵較高的存在層面時，心靈能力會變得非常敏銳，即刻且全然地意識到尚在人間的親友的思想、感受和所說的話。靈魂意識到自己一直都是靈魂，只是在塵世時具有肉體的經驗。靈魂不像我們一樣受苦。他們已經不再感到疼痛。隨著靈魂越來越完整地進入光裡，障礙也會逐漸消除。不論是就哪個層面而言，他們的觀點都會改變。而我們可以受惠於靈魂具有洞見的話語和訊息，無須等到死後才體驗到一個超然存在的新狀態。

瀕死經驗

瀕死經驗是人類最接近死亡的時候。有過瀕死經驗的人與死亡擦身而過，並且帶著獨特觀點返回人世，他們的人生從此變得大不相同。

我在前不久出版的《在人間的鬼魂》（*Ghost Among Us*）裡，分享了我在瀕死經驗後的人生轉變。這一次，在這本書，我想分享我的好友艾瑞克的瀕死經驗。

艾瑞克的車在行駛到高速公路施工區時突然打滑。如你將看到的，他的經驗很典型，凡是經歷過深奧和改變生命事件的人都會有類似變化。

撞到鋼架後，我感覺到自己飄離出身體，在身體上空徘徊。我因爲剛剛發生的撞擊，身體整個癱在地上無法動彈，我可以意識到所有的人都在看我。我記得我往下看著自己的身體，第一次以三度空間的方式看它。起先那個感覺很怪，但我知道我仍以某種方式和身體連結著。我曾在哪裡讀過，人們在經歷瀕死經驗的時候，大多不會感覺自己和身體有什麼關聯，可是我並不是這樣。

我記得我完全不覺得痛，我感到自由、快樂和完整，而且我知道這才是眞正的我。我是個快樂且完整的個體。

事。

當我往下看著浴血且了無生氣的身體，一股龐大的同情感湧上。我想讓大家知道我沒事。我想每個人都以爲我死了。他們需要知道這只是暫時的狀況，可是他們聽不到我的想法。

接著，我突然覺得有股極快的速度拉著我。我感覺自己不斷往上升，隨之意識到一道明亮的光。那道光似乎是全知的，讓我想起我也有過那些知識。我本能地知道我需要知道的一切已經在我之內。我還記得我意識到，在那一刻，我是同時和這個星球上所有的人都在一起。我意識到我們全都彼此相連。這要怎麼解釋呢？我意識到人們在不同的國家同時從事許多不同的活動。整體來說，我知道每個人都是我，只是在不同的身體裡。我感受到醫院裡的病人和監獄囚犯的沮喪。我可以看到有人在教堂、清眞寺和寺廟裡祈禱。我感受到他們對這個世界和彼此的意圖，即使他們沒覺察到其他人普遍的思緒和禱告。

隨著我的覺察達到頂峰，我清楚意識到被我稱之爲家的地球的美麗。眞是太令人驚奇了。我意識到她在呼吸，就像人類身體一樣跳動著。地球並非一顆沒有生命的巨大球體；相反的，她極富生命力，像是珠寶，閃爍著藍綠色光澤，飄浮在宇宙間。當我更仔細地看，我可以看到人類對大地之母的一些可怕破壞。這就像看到一個人的體內有腫瘤和堵塞的動脈，我看到即將來臨的黑暗死亡。由於穿透地球的污染是那麼沉重，地球像是在喘氣。我知道她即將死亡，而她需要我的協助。即使當時我感覺無助，我都必須要做點什麼。

那瞬間，我記得我想著：「我還不能死。我的工作尚未完成。我必須回去拯救地球。我必須告訴別人這個星球是活的，而且我們有責任讓她繼續活下去。我們不能殺了她！」然而，當我體內每根骨頭大概都斷了的時候，我要怎麼回去修補地球呢？

一個光體很快地灌輸我一個印象，我知道自己是一個神聖計畫中的一份子，就如每個人一樣，而我的最終目的是去愛和服務所有人類。我知道，那個光體瞭解我所有的恐懼和懷疑。它安撫我，它說我會康復，並且能夠從事滋養我的靈魂和幫助大地之母的必要工作。

我一有了這個想法，立刻回到了身體。我醒過來，發現自己躺在救護車的輪床上。兩個護理人員在我面前蹲下，臉上充滿了擔憂和關懷，同時救護車的警鳴聲響則傳入耳際。我對他們微笑，然後聽到其中一個人說：「我們救回他了。」

沒錯，你可以說我那天是死而復生。我帶著新的認識，帶著新的觀點回來了。從那之後，我一直投身於眾多的環保計畫，在世界各地創立了許多拯救地球的組織。自從有了那次的體驗，我看待生命、死亡和世人的方式再也不同。我尊敬每位我接觸到的人，特別是我自己。

許多以瀕死經驗爲主題的書，都記錄過類似我朋友的體驗。如果這眞是對多次元實相的驚鴻一瞥，那麼我們實在不能忽略這些經驗所分享給世人的訊息。人類是在一個活生生的星球上的一個整體，是我們的自我、恐懼和不同的信仰在彼此之間造成了隔閡。

然而，即使沒有瀕死經驗，我們也能改變自己對人生的觀點。當我們活在人間，遭逢難以承受的境遇和困難時，我們應該把問題看作是釋放心靈的踏腳石。每遇到具挑戰性的經驗，我們需要認知到事情總有兩面。如果它是負面和嚴酷的，我們必須試著看到它的正面。有時候，要在困難的經歷中找到喜悅和愛，那個感覺就像是尋寶遊戲。也有時候，喜悅和愛不是輕易便能得著，這意味著我們必須學習耐心和信心，並且在內心深處知道還有更高的課題在運作。我們必須有勇氣去發掘隱藏在經驗背後的課題，並且去學習。一旦度過了某個經歷，知道了其中的課題，我們會知道對未來要有何期待。更重要的是，我們將能教導他人，面對類似境遇時該如何反應。

走出過去

心靈是活得幸福和快樂的最主要決定因素。然而，心靈也有些必須清除的障礙，其中最常見的就是活在過去。我認識一個人，她永遠都在談她的過去，尤其是童年。她回憶成長過程中和父母的每件小事、父親曾說的笑話，還有大家都是怎麼哈哈大笑。她也談到她如何學會在婚禮上和長輩跳舞。當你的心永遠都停留在過去，你不可避免地會落入自己當時的心理和情緒狀態。或許我這位朋友的內在小孩從來沒有得到她需要的注意，因此至今仍在尋找那份愛。

不幸的是，許多成年人和我的朋友一樣，他們緊抓著很久以前的某些行爲和傷痛，一再重溫童年經歷，讓當時的感受延續至今。當那些童年記憶因爲成年後所受的傷害而發出刺耳聲響，不論是有意識還是無意識，他們都會立刻回到童年時曾有的反應。這時候，他們可以拒絕面對問題，或是將事情怪罪他人。也或者，他們終於可以打破過去的模式，爲當下的情境負起責任。倘若他們選擇後者，內在小孩將能開始療癒並成長爲大人。當人們在自己的內心做了適當的改變，開始療癒過往的錯誤，他們將會處於一個超脫的狀態，可以自由地從成年人的觀點去面對任何人生境遇。

過去之所以會對我們造成影響，完全是因爲我們給了它力量，但我們不再需要活在過去，或是爲了生活中的每個情況怪罪父母。我們可以下定決心爲自己所做的選擇負起責任。

我收過許多來信，信裡說他們在成長過程中曾被虐待。他們說因爲受虐，他們永遠無法有正常的情感關係。童年的情感創傷確實會留在我們心裡，當這些創傷轉變成一種受害者模式，不只是感情，生命中包括工作、財務和友誼等任何領域都不會幸福。受害者會反覆叨唸著人生有多麼悲慘，沒有人瞭解他們，別人又是如何佔他們的便宜。唯有放下這種心態，用正面的展望取代，才是走出陰影，進入光明的不二法門。

你的眞我

另一個妨礙超脫的障礙，就是停留在沒有發展或幫助的感情裡。如果我們扮演取悅對方的角色，而不是做眞正的自己，我們將無法發揮自己的力量，也無法明瞭自己眞正本質的獨特性。我發現大多數的情感關係並不是基於誠實。人們有目的，想從我們身上獲得些什麼，譬如財務上的安全感、更好的社會地位、受人歡迎、搭名氣之便，或是報復某人。我們必須願意面對事實，有些關係並不是爲了我們的最高善利益，它事實上反而阻礙了我們實現眞正的潛能。一開始要對自己承認這點會很困難，畢竟沒有人喜歡接受一段感情對我們可能是錯誤的，我們事實上應該結束它才對。然而，隨著我們本身的進步，我們周遭的世界也會跟著前進。那些人很可能無法在我們的生活中以同樣速度進化，因此到頭來，我們還是自己一個人。

缺乏自尊和自我信賴會持續阻礙我們實現自我。如果不相信自己的見解，我們等於是在告訴自己，我沒有力量。缺乏自信會導致我們做出破壞性和自我毀滅的決定。我們如果無法決定誰值得信賴，許久之後你將發現，自己常常把根本不能信賴的人帶入生命。爲了能相信別人，我們必須聆聽腦中那個小小的聲音，學著辨識並發展出一種自我感。那個小小的聲音就是我們的直覺。人們常會混淆直覺和恐懼。如果你在腦裡聽到的答案是屬於恐懼，那就不是你的直覺。直覺是你的第六感，也是你瞭解周遭世界的最好方法。直覺通常是一種直觀的感受，與邏輯思考無關。漠視直觀的感受常導致我們犯錯。我們必須學會有效利用上帝所賦予我們的這個工具，讓它在生命中發揮效能。使用直覺是學習超脫較低自我的有效工具。

最後，最難超脫的障礙，也是我在書裡頻頻提及的，便是恐懼。一如先前所說，恐懼使我們無法動彈，使我們停止成長。它奪走我們的力量、我們的自我感，還有面對周遭世界的有效觀點。恐懼是使我們活在過去的原因。恐懼不斷提醒我們，還有事情需要修正。恐懼也爲不好的行爲合理化，使我們對自己的行爲找理由。宗教的偏激份子利用恐懼來操縱信徒就是一個例子。他們把以恐懼爲本的教義灌輸到信徒腦中，奪走信徒做決定的力量。這麼多人利用恐懼來控制別人是人類的不幸，但如果我們一開始對恐懼就不買帳，就沒有人可以控制得了任何人。

我的心智是自由的

每次進行現場示範的時候，我都會先說明我爲什麼會做這個工作，再解釋與靈魂溝通的過程。之所以如此，有很多原因。參加活動的人來自各式各樣的背景，各有不同的信念和期望。有的人很緊張，有的人很好奇，還有的人感到不確定和懷疑。我的介紹不只是正式程序，也是要和觀眾建立一個共同的立場，幫助他們感覺自在。我讓他們看到我也是個正常人，沒有什麼詭異、奇怪或超凡脫俗之處。我通常會說一些笑話，幸運的話，觀眾會哈哈一笑。一旦認知到我和大家沒有兩樣，他們就會卸下心防。

我一邊解釋靈魂的現象，一邊會用我的靈視力掃視觀眾，這時通常會看到一些很有趣的景象。當然，我看得到每個人的氣場。氣場看來就像是包覆著肉體的外殼。有些人的氣場平順擴展，顏色是迷人的粉彩色；有的人則被有一個個破洞的黑暗雲霧所圍繞。那些破洞的成因可能是極端的情緒創傷，或是毒品、酒精之類的成癮問題。

爲了通靈要有的理想能量，我需要提高現場所有人的能量，好讓訊息更能被接收。要做到這點，我必須幫助觀眾處於一個開放、療癒且易於接納的狀態。我要怎麼做呢？一排排穿著不同顏色長袍的指導靈會現身在觀眾群中，這些指導靈會從人們的氣場抽走黑暗沉重的能量。那些沉重的能量是由心理的沮喪、擔憂、痛苦的情緒，以及其他人留在氣場的負面思想所造成。有時候，指導靈會表示有些人的氣場因被恐懼、憂鬱、不快樂和缺乏自愛所堵塞，要與他們連結非常困難，就像經過長途的公路旅行後，試著清除擋風玻璃上的蟲子一樣。

此外，在工作坊的時候，我會先從指導大家冥想開始，先清理群眾和那個空間的能量，好讓接收靈界的訊息能更順暢。這跟清理汽車電池的電極頗爲類似。要與靈界連繫，並被較高力量的愛與創意影響，我們必須讓自己處於良好的運作狀況。

接下來的通靈內容來自我在洛杉磯進行的一場現場示範，它讓我們看到個案是如何讓障礙阻止了自己活出充實人生。

每次走入有數百甚或數千人的空間，看到眾多靈魂排著隊，並且圍繞著觀眾，總讓我驚奇不已。通常，大多數人渴望聽到逝去親友的消息，然而，也總有例外。有些人幾乎是在非常抗拒的情況下被拖來參加活動，因爲他們拒絕開放自己接受新的事物。那晚的觀眾中就有一位這樣的女士。她說朋友不顧她的看法，硬是把她帶來。

一個女性靈魂站在她旁邊。我遲疑了一會兒才穿越會場大廳，朝她走去。

「請問我能跟你說話嗎？」我問。

她瞪著我的樣子宛如在說：「滾啦。」

我站在那裡看著她身旁的靈魂，這個靈魂似乎鐵了心要傳達訊息。因此，儘管得到的回應是那麼冷淡，我仍然繼續。

「朵莉絲是誰？」我問。

那位女子立刻抬起頭來。「是我。」

「朵莉絲，有個女人站在你旁邊。她似乎很急著讓你聽到她的消息。」

「我想不出來會是誰。」

「我接收到一個大寫G，吉娜、喬琪之類的。這個名字對你有意義嗎？」

「我和喬琪亞一起長大。她是我童年時期的朋友，不過我搬到加州後，我們就漸行漸遠了。我知道她過世了，可是……」

「喔，她現在和你一起在這裡。」

「我真的沒辦法相信。在她生命的最後幾年，我們幾乎沒有說過話。」

「對亡者而言，時間沒有意義。她告訴我，她一直在看顧著你。她知道你對這類事情的接受度不高，但她想讓你知道，就算是現在，你也可以改變你的人生。」

「改什麼？」朵莉絲厲聲說道。

「喬琪亞說，你的童年過得很糟，所以現在你才會這麼封閉。你常常活在過去，經常自艾自憐。」

我說的越多，朵莉絲越是冷漠。我看到深灰色的漩渦環繞著她的頭部和胸腔。

「喬琪亞說，她現在都懂了。她以前跟你很像，直到死後才相信有死後的生命。現在她知道她原來可以活得更幸福快樂。她現在瞭解她的負面思考阻礙了好事發生。」

朵莉絲不爲所動。

「喬琪亞說，她會試著幫你。她說她常常對你耳語，可是你都忽略她想告訴你的事。她說你成長時被教導的事都不是眞的。她希望你不要這麼沮喪，她希望你多做一些會讓自己快樂的事。你瞭解嗎？」

「老實說，我不知道你在說什麼。我的生活好得很。可以請你去找別人嗎？」

這話令我大吃一驚。

接著，一對靈魂突然現身。我看得出他們是朵莉絲的父母。

「朵莉絲，你的父母來了。他們想跟你說他們愛你。你媽媽尤其想說她很抱歉。」

我看到朵莉絲的雙眼盈滿了淚水。

「他們希望你快樂。他們以前不懂人生，只是把別人教給他們的事教給你。他們對許多事都充滿懼怕。現在，他們在對你說，不要害怕。」

「我就是沒辦法相信你。我父母都是酒鬼，他們讓我的人生很悲慘。他們活著的時候那麼不快樂，現在又怎麼會快樂呢？」

觀眾安靜地坐著。朵莉絲的話顯然衝擊到許多人。

「他們說他們很抱歉。他們那時並不知道。他們有很多事要學，現在也還在學習。你的父母不希望你跟隨他們的腳步。你知不知道一張黑白照片，裡面有個穿著套頭毛衣的小女孩坐在三輪車上？」

朵莉絲的雙眼大睜。「那是我十一歲時的照片。你怎麼會曉得？」

「你媽媽正指著那張照片。它是放在一張紅色書桌上。」

朵莉絲點頭表示正確。

「謝謝你。」我說，我的挫敗感減輕了。「現在你相信我了嗎？」

「我想是吧。」

「你爸現在插話進來。他在說他現在很享受生命，感覺好自由。他說他希望能擁抱你，告訴你他有多麼愛你。他但願他以前就能感受到他現在所體驗到的生命中的自由。他說，不要這麼擔憂，人生值得活下去。」

語畢，通靈的疲憊感湧上。我轉向觀眾說：「我們休息一下。」

你一定以為這個故事到這裡就結束了，其實不然。為朵莉絲通靈過後幾年，我到明尼亞波里斯（Minneapolis）巡迴演說，每場演說的觀眾至少都有上千名。有一次與靈魂溝通到一半時，我看到一位女子旁邊站著一個靈體，瘋狂地對我揮著手。我不得不去知道她想要說什麼。

是我。是我。靈魂呼喊著。

我走到那位白髮蒼蒼的年邁婦人旁邊。「有個女子站在你旁邊揮手。」突然間，我意識到自己認得這個女性靈魂。我確定我以前看過她。

是我，朵莉絲。還記得我嗎？

「你認識一位名叫朵莉絲的人嗎？」我問。

白髮婦人搖搖頭。

「她是你從高中時期的老友了。她正在給我看一本紀念冊的照片。」

「天啊。」婦人說：「會是朵莉絲．富蘭克林嗎？我和她一起設計高三的紀念冊。」

詹姆斯，是我，朵莉絲。靈魂說。朵莉絲，就是那個不相信你的女人。你和我說過話。

我忽然記起她是幾年前那位非常封閉的女子，我無法相信就是那位朵莉絲。她看來是如此充滿活力和快活！

「我知道這位女士。」我說：「幾年前她還在世時我為她通靈過，當時她和你們大家一樣坐在觀眾群裡。」

眾人倒抽了一口氣。

「她說，她很抱歉她那時不相信我的話。」我轉向觀眾，解釋道：「她原本很固執，不肯接受靈魂的訊息。現在她才知道，那些都是事實。」

我看著朵莉絲的朋友。「她希望你快樂。她瞭解了負面思考讓她活得痛苦，而且還使身體生病。她說她以前喝很多酒。她現在給我看她的體內充滿了黑色的團塊。她是死於癌症。」

「眞的？」朵莉絲的朋友問道。

「朵莉絲告訴我，她以前對我和我告訴她的事充滿懷疑。現在她說，相信吧！」

「你會這麼說還眞有意思。我本來很怕到這裡。因爲我是天主教徒，天主教徒參加這種事是不對的。」

我揚起嘴角。「我也曾經是天主教徒。」

我繼續傳達朵莉絲的想法。「你的朋友朵莉絲要你知道，他們教你的事情不完全是眞的。她說她死後到了一個黑暗的地方。是已往生的朋友和家人讓她相信了人生是自己創造的。她必須療癒許多傷痛。她現在在說，你必須去想你要什麼，讓神把你要的給你。」

白髮婦女一臉詫異。「咦，那不是我認識的朵莉絲。她以前老是很消沉。」

「哦，這是她想讓你瞭解的事。你自己也不要消沉。你不只是你以爲得那樣。她說等你到另一個世界，她會去迎接你。還有，她說你還有很多年的時間可以去做你眞正想做的事。去做吧！她說。」

「我試試看。謝謝，朵莉絲。」

我喜歡那些生前與我有一面之緣的靈魂所帶來的訊息。一如朵莉絲的情形，每當他們以靈體回來，我通常會看到他們的轉變。這種事情不常發生，但每次遇上，都會讓我更有動力去教導別人我們是如何把自己的心靈囚禁在幻相監獄。至於要不要改變人生並用新的方式體驗周遭的世界，完全決定於**你**。

爲人準則

爲了讓人生更美好，活得更喜悅，並達到靈性上的成長，我們必須走出自我中心，敏銳覺察到自己與眾生的密不可分。讀到這裡，你已經看到許多靈魂都說我們是**一體**的例子。對我來說，知道並且每天實踐，加速了我的自我實現。一旦我把焦點從自己身上移開，我就能認知到自己具有對他人付出、同理並且愛他們的能力。

我一直很喜歡由哈波・李（Harper Lee）贏得普立茲獎小說所改編的電影《梅崗城故事》。在電影的最後，小女兒斯葛說了一段意義深刻的話：「除非你和對方置身於同一個處境，並且活在那個處境裡，你永遠也不會眞正認識一個人。」

那是她父親亞惕．芬鵲（Atticus Finch）在她小時候教導她的事。這段話不只深深刻印在她的靈魂，也在我心裡留下不可磨滅的印象。它是爲人準則「已所不欲，勿施於人」的精髓，而這個普世通用的準則是如此明白，沒有人領會不了。既然知道自己希望得到怎樣的對待，要用同樣的方式對待別人又有何難？我確定大多數人都聽過父母責罵小孩：「你希望別人這樣對你嗎？」這條做人準則曾出現在許多演說和佈道裡，律師進行法庭辯護總結時也曾派上用場。它的訊息正是世上大多數宗教的基本教義。

然而，高談闊論這個準則是一回事，實際去做又是另一回事。在把這個思維納入日常生活後，我發現，對我來說，行爲良好和得體對待別人還不夠。我必須瞭解別人爲何會那樣舉止；我必須理解對方行動背後的動機。如果把芬鵲的話換個方式去說，就是我必須站在對方的處境裡，並從那個觀點去看世界。不論別人是無家可歸、心胸狹隘、有政治動機或是極其富裕，我必須進入他們的心思，試圖用他們的眼睛去看人生。

這麼做至少很有教育性。它教會我同情他人。我意識到人們無不是依據各自的文化、經濟和教育背景做出反應，我因此學會對人更有同理心，也更渴望能減輕他們的痛苦。

一九六〇年代美國在廢除種族隔離制度時，約翰．甘迺迪曾要求白人想像自己因爲膚色而被人輕視瞧不起和被惡劣對待的情形。他向他們提出待人如己的挑戰。最近，加州進行八號提案的市民公投，試圖對州政府否定同性戀有結婚權的憲法作出修正。反對同性戀者被剝奪婚姻權的人士在電視上廣告，要求眾人想像，自己若不能與所愛的人締結連理會是如何。這場對同性戀者是否有權結婚的爭議，同樣地，主要來自於迎合世人恐懼心理的宗教團體。倘若那些人能易地而處，或許就能明白同性戀者的想望。就追求幸福而言，他們和異性戀者並無二致，那麼所有的批判和嘲笑很快便會消聲匿跡。

本書寫作期間，哈維·米爾克（Harvey Milk）的傳記電影《自由大道》在電影院上映了。哈維·米爾克是美國第一位被選上政職的出櫃同性戀者。他競選成功，順利當上舊金山的市議員，不料卻在一九七八年遭到另一位議員委員丹·懷特（Dan White）的槍殺，市長喬治·莫斯科尼（George Moscone）也被殺身亡。那部電影在我心頭繚繞數日，我爲了米爾克的死亡和謀殺的判決心煩意亂。丹·懷特殺了兩個人，卻只在獄中服刑五年。對奪走兩條人命的兇手，這樣的懲罰似乎是從輕發落。我決定深入研究，我想要瞭解一個會犯下這種罪行的人的心理。我開始探討丹·懷特的背景，而我越是探究他的過去，越能理解他的動機來處。我永遠也不會說這個人的行爲無罪，但他相信殺人是他唯一的選擇，眞是令人不敢置信的悲哀。

在我思考這個事件時，我意識到有關丹·懷特的幾件事。他不單受心理疾患所苦，還爲了他的天主教信仰、自己的性向，以及其他人加諸在他身上的期望掙扎不已。殺人是錯的。然而，儘管厭惡這樣的人是容易的，我們也必須去試著瞭解他們行動背後的動機。兇手的背景和信念是什麼？我在研究丹・懷特的時候，發現他曾在越南服役，他知道如何使用槍枝是美國政府教的。打著保存和保護美國政治與經濟利益的名義，把槍交到一個性格不穩定，可能離殺人只有一步之距的人手上，是自相矛盾的事。這眞是太遺憾了。

很多靈魂告訴我，「己所不欲，勿施於人」是通向瞭解人性的途徑。他們說，如果活著時就能視人如己，他們的人生會少許多掙扎，生活裡的愛也會多過於恨。

寬恕的禮物

這是場令人難過的通靈。多年前在芝加哥，我照著已經進行過許多次的程序，在做過介紹和冥想後，開始掃視房間。有個男性靈魂站在室內後方。他是個瘦而結實的年輕男子，有著一頭鬈髮。我很快就被這個靈魂吸引。

「這個區域有個年輕男子，他有一頭深色鬈髮，看上去有些不安。這對誰有意義嗎？」

沒有人有動靜。我知道我必須從這個靈魂取得更多訊息。我站在觀眾群中間與靈魂溝通。

「他說他是被人殺害，他來是要寬恕殺他的兇手。」

觀眾一陣驚呼。

忽然之間，我被一個留著金色短髮、嬌小圓胖的女士所吸引。「是你的兒子被殺害嗎？」我問她。

「不是。我的兒子在監獄裡。」

觀眾再次騷動。

「這個站在你旁邊的年輕人說他原諒你。」

婦人困惑地搖搖頭。

我聆聽更多的事實。「你兒子是因爲殺人入獄？」

短髮婦女低下頭，確認了這個訊息屬實。

「這個年輕人是被你兒子殺的！」我驚訝地說。

觀眾再次發出詫異聲。

「我好歉疚。」婦人脫口而出：「我兒子不是故意的。我確定他不是。」

「阿爾佛瑞德或阿爾馮賽是誰？」

「阿爾馮索．梅利亞。」婦人補充道：「他就是被我兒子殺害的人。」

「阿爾馮索說他原諒你的兒子。」

婦人開始掉淚。「請告訴阿爾馮索，我真的很抱歉。我並沒有教養我的兒子充滿恨意。我好羞愧。」

「阿爾馮索現在讓我看到他的死亡。他是被你兒子打死的。是嗎？」

「是的。」

「阿爾馮索說，他到死囚監房去看你的兒子。他想幫他。」

「我兒子心智失常。他跟不對的人廝混在一起，變得對某些人很有偏見。」

「你兒子是幫派份子嗎？我看到他和一群身上有刺青的年輕人在一起。」

「對。我知道的時候已經太晚了。這些年輕人仇恨墨西哥人、猶太人和同性戀者。唐尼，我的兒子，他被那些人洗腦。他小的時候原本是那麼好的一個孩子。」

「阿爾馮索說，他說話有口音，所以才會被找碴。他說他在錯誤的時間到了錯誤的地方。」我為這個婦人感到難過。「阿爾馮索瞭解，你兒子的朋友給你兒子很大的壓力。他原諒你兒子的不懂事。」

婦人非常激動。

我轉向觀眾。「這裡有個年輕人因為看起來和別人不一樣所以被殺害。只因為他和我們其他人的長相不同，行為表現得不同，或說話不一樣，我們就想殺了他？身為人類的我們到底是有多混亂？這位年輕人來這裡是要教我們待人如己的價值觀。這是個珍貴的忠告，因爲當我們死的時候，我們會把在世的信念也一起帶走。這是我們每個人都要學習的課題。」

我轉向那位婦人。「這位年輕人原諒你。現在輪到你原諒自己和你的兒子。這會幫助你們兩人療癒。」

太多人都被教導去恨而不是去愛。我們被教導偏見，學會攻擊和我們不同的人。我們學到若不拿取某樣東西，別人就會取走。可是我們不是生下來就有這些想法。這些想法是我們還是小孩的時候被灌輸的。要反轉這些觀念很難，但不是不可能。一如美國詞曲家史蒂芬．桑德海姆（Stephen Sondheim）的歌詞：「小心你說的話，孩子們在聽……」

我們必須重新學習，要做到這點有很多方式。我們必須再次變得像個小小孩，只是這次我們要當自己的老師，用鼓勵和愛讓生命煥然一新。

第十一章　活出你的人生

到了最後，你活了幾歲並不重要；重要的是那些年間你過了怎樣的生活。

——林肯

一個人若從很小的時候就被設下限制，他要怎麼自由地活呢？生命是一連串的諷刺；我們是無限的靈魂，卻生活在一個有限的天地。我們被教導基於這個有限的觀點看待並活在這個世界。我們不是天生的物質存在體，但因爲身處物質的三次元世界，我們學會了唯物主義。我們毫不懷疑地接受這個世界是**真實**的，但它實際上只是個短暫的過渡場所；而靈魂來到這裡是爲了要獲得更大的領悟，並且辨識愛的各個層面。

由於人類是靈魂的存在體，所以每個人皆具備了不可思議的內在資源。人類的靈魂天性容許我們體現任何渴望之事，前提是心靈必須專注在自己想要的事物上。不過這裡有個陷阱。由於活在有限的三次元實體世界，我們多少與我們靈性的本質有些脫離，我們忘了自己實際上是擁有無限力量的靈性存在體。

許多靈魂對我表示，他們對自己在塵世短暫的「走動」感到失望。他們懊悔在世時用各種事情讓外在的自己忙碌不已，卻很少花時間專注在內在的自我。他們但願自己曾多花個五分鐘聆聽某人的困難，就算不知道要如何幫忙。他們希望自己走出家門或車庫時曾放緩腳步，向鄰居揮個手，或是說句友善的話。他們大多覺得自己浪費了太多寶貴的時間專注在肉體、物質的目標上，而沒有用一些小小的方式去表達愛。他們意識到自己的思想不僅影響自己的人生，還有所有他們接觸的人。往往當他們回顧在人間留下了什麼時，他們納悶自己是否曾經可以讓這個世界成爲一個比他們來時更好一點的地方。

許多靈魂發現自己生前的可笑，他們是如何沒有覺察到他們的靈性能力。他們覺得自己不智地把力量拱手讓給家人、朋友，甚至社會。他們過於閉鎖在侷限的心態裡，以致於看不到等在門外的奇蹟。他們對我說，縱使人性是受限的，他們的靈性自我卻是無限。然而，因爲他們困住了，他們沒能掌握生活並從中創造出什麼，反而成了自己錯誤思想和蒙蔽認知的受害者，阻礙了自己活出快樂的人生。靈魂以他們各自的方式表示，**我們需要意識到我們的內在早已擁有正向和充滿喜悅生活所需的一切**。靈界堅持，我們必須意識到我們神聖的面向。如果我們想有新的人生，我們就必須發現自己的神性。祈禱、冥想、專業治療和瑜珈，則是一些能幫助我們與神性自我建立起關係的道路。

相信自己

沒有人比你更知道你自己。沒錯，大家都教我們要向別人尋求問題的解答，但只有你才知道什麼對你有用，什麼沒用。因此，你永遠不該讓別人的意見來定義你是誰。他們並不那麼瞭解你。這不表示其他人的意見沒有價值，但你必須明白那純粹是他們的看法，對你不見得正確。隨著時間的流逝，你會度過種種試煉和磨難，並因此更欣賞和信賴自己。但要得到這種覺察，你必須願意忍受並禁得起他人的批評和看法，並將那些意見和看法就看作是它們所代表的——就只是別人的觀點罷了。

有太多次，無知的評論者在根本沒見過我，對通靈也沒有基本認識下，就對我大肆批評。身爲這場靈性運動的先鋒，我知道許多嚴厲的話語和不當的行動會針對我，我的人格與誠實也會遭到質疑。這些都只是這個領域的一部分。每當有人揭起無知和狹隘的面紗，要求人們改變對生死的信念，總是會遭致不同觀點和不同信念體系的人的論斷與批評。

你或許會問，爲何我會放過那些批評我的人，我難道沒有自尊嗎？嗯，我當然有。不過這事跟我——傳遞訊息的使者——無關，而是和訊息有關。我必須看整個大局，從更寬廣的視野來看。我的工作是幫助別人開放心胸，接納有關生與死的新觀念。打從一開始做這個工作，我內心深處便知道這是我的靈魂使命。我知道，如果我跟隨我的心，爲世人與靈魂溝通，許多人將因此得到療癒。

如果你是在實現你的生命目標，那麼其他人的意見並不重要。擔心別人會怎麼想或怎麼說，無異於拱手讓出你的力量，這樣的日子肯定無法實現自我。

絕對不要試圖跟別人一樣。做你自己。你所說的、你的行爲和工作大可與別人不同。一個沒有生氣的人缺乏勇氣和能量。還記得小時候的你？那個尚未被辱罵過，沒有人叫你閉嘴或滾開，那個仍充滿想像力和好奇的小孩？那個覺得自己無所不能的小孩？他是眞正的你的精髓。那份神奇依然在你之內。那是你無限的靈性能力。

隱藏眞正的她

以下的通靈是個典型的例子，它讓我們看到一個試圖滿足每個人對她的期望而失去眞實自我的靈魂。那次我是在丹佛的週末靈性工作坊，在通靈接近尾聲時，有個靈魂站在一位年輕有魅力的黑人女性旁邊。

我望向那位坐著的女子，問她：「你認識一位叫珍奈的人嗎？」

女子先是垂下視線，然後抬起頭試探性地回答：「我有個姨媽叫珍奈，不過我不認識她。她在我出生前就死了。」

「你知道她畫畫嗎？」

「我不曉得。」

「莎拉是誰？」

「那是我的名字。」

「喔，莎拉，你阿姨認得你。」我停下來聽珍奈說話。「她給我看四個小孩。你明白嗎？」我問莎拉。

「我外婆有一個兄弟和一個姊妹。」

「不是。那些是珍奈的小孩。我猜他們是你的表兄妹。」

「我的表兄妹在別州，我們之間眞的沒有什麼聯繫。」

「聽起來，你的阿姨很悲傷。她說她不願意一再結婚生子，卻不得不這麼做。」

「我聽過我媽談到珍奈阿姨的幾位先生。我一直以爲珍奈阿姨是個……呃……輕浮的女人。」

「不是這樣的。」我很快地回答：「她說她那個時代的女人就是得再婚。女人不能單身。那是不被接受的事。老公死了，她就必須再找一個老公。生小孩則是附帶的結果。」

「原來如此。」

「她說她喜歡素描和繪畫，但別人說她沒有天分，叫她不要浪費時間。此外，她說在她那個時代，沒有人會把黑人看爲藝術家。她說她現在在靈界教導繪畫，過得很快樂。她的作品掛在靈界的畫廊裡。」

「眞的？好棒！我得問問我媽這些事。」

「請回去問問你母親。有很多時候，靈魂出現，可是我們不見得認得，直到回家問了其他人，才發現靈魂說的都是眞有其事。你的阿姨爲自己的人生感到悲哀。她說她只是照大家的期望活著，從來沒有做自己眞正想做的事。」

我轉向觀眾。「我們很幸運。早年加諸在人們身上的限制，包括婚姻、離婚和孩子，如今都有了改變，尤其是對女性。這讓我們更有理由要充分表現自我。如果不活出自己，到頭來只會令我們自己抱憾。」

我轉回去面對莎拉。「你阿姨說她人生的最後歲月是孤單一人。她的先生都死了，孩子則棄她於不顧。她死的時候身無分文。」

「眞令人難過。我眞的不是那麼清楚她的人生。」

「你阿姨說，她和你在前世是姊妹。這是爲什麼她今晚會在這裡。她說你和她來世還會再碰面。」

「眞是難以置信。」

「不用懷疑。問問你母親有關你阿姨的事。我會很樂於知道結果。」

「我會的。謝謝你。」

幾週後，我收到莎拉寄來的電子郵件。她說她和她媽媽談過了，我說的都是眞的。

當我跟我母親說到阿姨很有藝術天分時，她說閣樓上有個箱子，裡面裝了珍奈阿姨的東西。我上去瞧了瞧，找到她的一幅美麗畫作。她似乎是個相當有才華的畫家，但我眞的不懂這些。我一時興起，便把她的畫帶去畫廊。當他們開價兩千美金要買那幅畫時，我嚇了好大一跳。我決定把畫保留下來。珍奈阿姨沒能看到她的作品的成果眞是可惜。

因此，我要說，和這個世界分享**獨特**而完美的你。這將是你與眾不同的方式。讓自己散發出大家都看得到的光芒。靈魂常說，他們沒意識到人生過得那麼快。生命稍縱即逝。所以，在生命的時間線上留下你的痕跡吧。你可以從更常微笑和朗聲大笑開始。享受人生，享受這趟旅程。不要把人生看得那麼嚴肅。這只是場遊戲。

逆境來了又去，錢賺了又花掉，但**你**永遠存在。你能掌控自己的意志，進而掌控自己的人生。不論是僕人或是一國之君，扮演什麼角色並不重要，你在那個角色所做的事才要緊。不要試圖去演別人的角色，演自己就好。盡力發揮你所有。瞭解自己是改變人生的起點，改變內在即能改變實相。我們的內在即是整體之所在。我們越是爲自己的實相負起責任，成長得也越快。

當你提升意識並調整自己與內在的力量調諧一致，你就能釋放曾在現世，或許還有前世出現過的恐懼和煩惱模式。當你開始進入再次成爲完整的階段，你將能放下虛假、仇恨、恐懼和憤怒，種種讓你遠離眞實自己的障礙。當你持續練習讓自己的意圖與神聖的光一致，你的思想、言詞和行爲亦會如是。換句話說，你必須警醒。你不能前一分鐘還在正面思考，下一分鐘卻對自己說你毫無價值。持續且始終如一的思想、言語和行爲，這是改變的關鍵。唯有如此，你才能照亮根深蒂固的問題，看清它們的本貌，不讓它們定義和打倒你。你將開始用全新的方式去體驗人生，不再是恐懼和負面情緒的囚徒。你眞的會是原本那個自由而完整的存在體，並且自由地活出最充實的人生。有句諺語就是這麼說的：

「眞相會使你自由。」

我的高我

爲了活出一個充實、豐富且沒有悔恨的人生，你必須訓練自己時刻以宏觀的角度去看這個世界。當你與高我和神聖力量建立關係，你將能明白自己在這世上的價値，也開始明瞭所有人生經驗，不論正面或負面，所蘊含的深刻意義。你的神聖力量有很多名稱，包括高我、基督意識和創造源頭。它是你靈魂構成的一部分，所以不論你是否意識到它的存在，你都被這股創造性的靈性力量所引導。一旦意識到這個高我，你就像是登上了階梯，步出了濃霧。你意識到眞正的自己遠比肉身的自己偉大得多。

你越是知道宇宙的奧祕，越會發現還有很多要學。旅程走得越遠，越瞭解宇宙是如何輕鬆地便能提供你所需的一切。靈性成長意味著你覺察到宇宙的法則，並且能常常運用它們，將無限的愛、健康和重要機會帶進你的經驗裡。

大約是在十二年前，我曾安排一個三十人的團體造訪巴西的靈性中心。當時我還不知道那只是個開始，往後還會有更多類似的遠征。對我來說，巴西是地球上最神祕的地方之一，居民則是我見過最溫暖的人。他們靈性傳承中那股開放率直的意識令我驚訝。那時我已練習冥想並踏上靈性的追尋有好長一段時間，我也透過冥想與高我連結。當我們與高我連結時，我們會很清楚地感知到那一刻，因爲我們的思想和意念都是在較高的層次。我們會從一個充滿愛的觀點去看人生，不論人生有多少瑕疵和不完美。我們會洞悉生命的意義是貢獻自己的天賦和能力，使宇宙爲一體。

巴西有個靈性中心每週都會進行長達約六個小時，具驚人轉化力的儀式，這和巫醫的旅程或美國原住民的發汗小屋頗有異曲同工之妙。在這場每週儀式中，參與者以有些非正統的方式與靈界互動。因爲靈魂次元的頻率較高，參與者透過飲用海華沙茶（hiawatha tea），以達到頻率上的調和。南美很多族群都熟知海華沙茶，由於它有致幻的屬性，被當地人視爲神聖之物。南美人從亞馬遜雨林中的藤蔓取下葉子，飲用海華沙茶的歷史已長達好幾世紀。許多原住民部落在靈性的追尋中會使用某種物質來強化意識，去除塵世心靈的懼怕和恐慌，進而與自身較高的存在部分溝通。

這場吸引人的集會是由一位祭司主持，他也是招待我們的東家。我們一抵達，他就對我解釋：「我們不知道會發生什麼事。我們可能會看到聖母瑪利亞或其他存在體。每個經驗都是獨特的，也都具有某種療癒作用。」

祭司遞茶給我，我喝了一杯。幾分鐘後，儀式開始。我以旁觀者的身分在角落坐下，其他人開始唸誦儀式的祈禱詞。過了十五分鐘，我發現我的知覺有了大幅的變化。周遭的聲音先是變得很大聲，後來又轉爲輕柔。室內的能量變得非常、非常強烈。我必須提醒自己穩定能量，以免完全失控。我意識到室內有許多穿著儀式服飾的靈魂。當我閉上眼睛，我開始出現幻覺。那些幻覺和我以前經歷的都不一樣，色彩非常鮮明、明亮和閃爍，我宛如凝視著一顆巨大鑽石的中心。

接著，我感覺自己似乎被「運送」或「傳輸」到另一個地方。我看到一個穿著紫金色袍子，戴著金色纏頭巾的人站在我面前。他深邃的藍眸像是把我看透。當我仔細看著他時，我有種強烈的感覺，覺得我認識他，而且一直以來都認識。他用以心傳心的方式與我溝通，同時給我一只鑲有六角紫水晶的金戒指。他告訴我，這代表靈界承認我是新進成員。這似乎是很大的榮耀。我不知道要如何解讀這個訊息，於是問道：「你是誰？」話甫出口，我的心中即有了答案。我看到的人就是**我自己**！不是人類的詹姆斯，而是我的高我，詹姆斯的靈魂。這大概是我生命中最深奧的體驗之一。

一週後，我們這群人前往巴西東北部巴伊亞州的薩爾瓦多（Salvador, Bahia）。抵達目的地之後，我們到處逛逛，想買些紀念品。當同團的瑪琳在珠寶店欣賞著一盤盤寶石的時候，我興致來潮，向店老闆問道：「你們有沒有紫水晶的戒指？」

她似乎被我嚇了一跳。「這個嘛，通常沒有。你也看到了，我們只賣寶石。不過好幾個星期前，有個客人進來，跟我們訂製了一只紫水晶戒。我們照他的尺寸做好了戒指，他卻一直沒有回來取貨。」

店老闆彎下腰，打開玻璃展示櫃底下的抽屜。

「就是這個。」她拿起那只戒指。

這次輪到我大吃一驚。擺在我面前的，與幻覺裡的紫水晶金戒一模一樣。我試戴看看，沒錯，大小剛好。

我看著店老闆。「你知道，這只戒指其實是屬於我的。」

她毫不遲疑地回答：「沒錯，我一直在等你來拿。」

瑪琳先是驚奇地瞪大眼睛看著我，再看看戒指。我輕拍她的手，說：「我想我們可以走了。」

＊編注：作者所提的這個儀式是由經過多年專業巫醫訓練的祭司／巫醫進行，且祭司全程在場。這樣的儀式絕不是一般自稱的身心靈工作者有資格和能力可帶領，甚至有所謂的藥草就可進行。台灣坊間宣稱有此效果的，其實是混製的化學物品，也就是毒品。切勿因好奇而受騙嘗試，不但有害身心，更耽誤了靈性的進展。

用冥想重新連結自己的力量

這些年來，有很多人問我，我們如何能一邊掙扎於日常生活的世俗問題，一邊過著靈性的生活。

「如何才能意識到高我？」

「如何才能知道自己回到人世的理由？」

「如何才能覺察到自己的指導靈和過世的親友？」

你可能已經發現，找到這些問題的起步，是重新與自己的神聖天性連結。你只需要知道還有個更高且更有力量的**你**，高我會用各種方式——直覺、巧合、各式各樣的同步性——來到你面前。當你跟隨第六感，並且在冥想和祈禱時往內探尋，強化你與高我的連結，你所得到的啓示和洞察力都會增加。以下的練習將協助你與高我的力量達成一致。

冥想比大多數人所以爲的要簡單許多。你不需要唸誦或覆誦眞言，甚至不用數你的呼吸。只要安靜地坐著，然後意識到自己的思緒。許多人跟我說，不論多麼努力，他們就是沒有辦法冥想。我的回應是：「不要**努力**。」冥想的時候，不要帶著任何期望。冥想唯一的規則就是要固定去做，或許每天在同樣的時間冥想，好方便你養成習慣。經過一段時間，冥想會變成你的第二天性。

另一個要記住的重點是，第一次練習冥想時，你會經歷到所謂的心智絮語，也就是突發和隨機的思緒，好比：「現在幾點了」、「在這裡要坐多久」、「晚餐要吃什麼」。你的腦中不可避免地會冒出這類念頭。你就接受它們，不要批判地想著：「我不該想這個」或是：「這樣子沒用」。反之，讓這些念頭平順地過去。我對冥想的比擬是這樣的：想像自己乘著木筏，在一條河上漂流；偶爾，你會遇到石頭或是急流，因此不得不繞過障礙物。冥想很像是在你的心智裡漂浮。你必須停留在那個當下，漂浮繞過那些世俗的念頭。只要固定練習，你會進入內在一個很深的地方。在那裡，你的心會開啓並與你對話。

冥想（一）

在椅子上坐直，閉上眼睛。覺察到你每次呼氣和吸氣的模式。慢慢地，開始感知到身體的每個部分。從腳趾開始，然後是腳掌、腳踝、腿，再延伸到軀體、背部、胸口、肩膀、手臂、手指、脖子和頭。接下來，專注在心臟區域，也就是愛的中心。想像一道美麗的綠金色的愛之光從心中散發並流通你的全身，這光從頭頂往下到手臂、腿和腳趾，遍及了全身。不要讓光只停在指尖、頭或腳趾上。讓它直接穿透出去。花幾秒感受這股愛的能量。再想想當你認知到它的存在時，你的身體有沒有感覺到什麼影響。

接著，以心靈之眼想像自己在一個天國的電梯裡，你以充滿愛和光的身體走進去，然後開始往上升，再往上升。途中經過的是不同層次的認知。隨著你的上升，你的自我感似乎擴展了。每一層樓都有不同顏色的光表示，你可以想像任何你喜歡的顏色。當電梯停下來的時候，你的高我就在那裡迎接你。你首先注意到的可能是你的高我的智慧與愛。你走出電梯，向你的眞正自我打招呼。你注意到你與高我有同樣的實體特徵，你就像是在看著自己的雙胞胎，只是高我更精緻，而且不被物質影響。現在，環視這個空間，看到對你顯露的所有天賦。你知道你有許多天賦與才華，它們都是你的一部分。在欣賞過自己的天賦後，你可以回到電梯，開始往下，返回存在的塵世層面。

冥想（二）

再次地，確定自己舒適地坐在椅子上，背伸直，讓能量能夠較容易地沿著你的脊椎上下流動。重複上述練習中的覺察部分，也就是認知到你的呼吸，然後將你的心智帶到身體的每個部位。記得，冥想是一種內觀，不能強迫。將你的覺知放在當下。

在這個練習中，想像或感受到你的心打開了，有個散發綠色聖光的管子在你的心的上方浮現，並往上穿越身體，從你的頭頂出去並直達天堂。花幾分鐘讓它到達它的目的地，也就是你全知的智慧自我。當你專注時，你的心和靈魂會透過這個管子接收到來自天堂的資訊、指導與洞見。觀察回到你心裡的想法是多麼的純粹。如果你有什麼問題，你都可以請問你的高我。當你問問題時，你看到問題沿著管子往上流動。等個幾秒，你看到答案下降到你的意識裡。這個練習附帶產生的作用就是由天堂進到你內的宇宙療癒能量。使用它。享受轉化。在冥想的最後，用白金色的愛之光把自己包覆起來。

你是你的思想的產物

宇宙永遠會如實地提供你一直在想的事物，所以要特別注意自己的思想。舉例來說，如果你一整天想的、談的、掛心的，都是怎麼支付帳單，那麼你就是替自己創造出更多同樣令人煩惱的思緒。要養成把每個焦慮念頭改變成正面想法的習慣。我喜歡用「取消」或是「清除」來抵銷自己對宇宙輸出的錯誤念頭。你可以使用像是「轉彎」或「別理它」之類的字，又或是其他有趣的自創字彙來扭轉負面念頭。只要一有機會，就用正面的詞句和樂觀心態來取代負面想法。

改變向來不是簡單的事，但有一點倒是無庸置疑：你永遠不會是五年前、十年前或甚至一年前的你。改變是持續不斷的。有個朋友告訴我，他年輕的時候，家裡很窮。九歲以前，他一直睡在客廳的沙發上。他的成長過程充滿了對金錢的擔憂和焦慮。前不久，他因爲看到兩個農場工人在路邊修理一輛老舊破損的卡車而想起自己的童年。他記得自己也曾處於類似的情境，總是擔心沒有修車的錢。「我要是沒有展開靈性的追尋，學會每天冥想，我到現在仍是卡在同樣的困境裡。」他說。然而，我這位朋友的意識成長了，他因爲對內在下功夫，整個生命也爲之改變；他再也不須爲修車、金錢擔心或是睡在沙發上了。他因爲願意改變，所以早已不是過去的那個他。

每一天，都是我們用不同方式看待這個世界並去嘗試新鮮事的全新機會。就像我那位朋友，只要有改變和停止執著於過去實相的意願，我們就能做到。由於今天的思想將創造我們的明天，所以我們首先要做的，是有意識地替生命中的種種選擇和決定承擔起責任。

有了這份認知，我們將能擺脫過去的信念和他人的情緒勒索，並且持續成長、進化，變得更爲覺察。當我們的眼睛是看向未來而非過去，我們也允許了自己接收新的事物。我們正在運用想像力爲未來創造無限的可能性。我們和沒有形體的神，也就是愛，調諧一致。然而，我們要先無條件的愛自己，然後愛別人；無條件的愛將幫助我們拋棄舊有的方式並找到新的路。

活出你的生命就是這麼回事。你需要不再那麼擔憂、不再找藉口、不再拖延、因循苟且。不要再去想你還沒達成的事。現在就開始去做，或是寫下新的清單。你的生活中有什麼狀況是你仍需要處理的？你對成功的定義是否有清楚的概念，或是說成功對你究竟有何意義？你喜歡自己看起來和感覺起來的樣子嗎？你的情緒需求是否得到滿足？你想從人生得到什麼？

當你改變觀點，巧合和同時性會成爲你生活中的一部分，機會也開始來敲門。這全都是因爲你已經開始相信眞正的自己。

該是再做夢的時候了。現在就做出滋養靈魂所必須的改變吧。

第十二章　已竟之事

好好過完每一天，然後就不要再想它。你已盡你所能。雖然難免會想到自己的錯誤和荒謬，但要儘快把它們忘掉。明天是新的一天。你應該好好地、平靜地開始。

——愛默生

我個人對生活的經驗法則是試著把一切看作是含括了兩個世界的更大格局的一部分，以較廣闊的視野去看待每件事。當我死後回到靈界的家，我會對自己這一生感到自豪嗎？還是會因爲悔恨和錯失的機會而懊惱？時刻保持這樣的長遠觀點，無疑地讓我對自己選擇的生活方式，還有如何回饋這個人世更爲覺察。

此刻，你的意識已經來到了十字路口。你可以選擇改變自己的觀點，從現在這刻起，掌握你的人生和你做的選擇。你可以對自己承認，人生完全操之在己，而且清楚意識到你具有的影響力。或者，你也可以滯留在由過去所創造出的熟悉世界裡，依舊把自己想成是情境的受害者。

現在就是選擇的時候。你是否擁有美好人生，完全是以你爲自己，還有爲這世上的人創造出多少愛來衡量。失敗的人生因此可被視爲雖然你有機會對自己和別人展現愛、同情與寬恕，但你卻選擇不這麼做。

人生若一直有未了之事，靈性的進展會緩慢下來。生命提供了許多情境，有的痛苦，有的則否，而我們若不是因此變得堅強，就是被困在其中。

我替許多失去小孩的父母通靈過，由於孩子的死亡像是違反自然，違反我們所知的生命計畫，所以父母親很難接受這樣的現實。畢竟，白髮人不該送黑髮人。那不是應該有的狀況。我對這些父母懷有極大的同情，如果可以比較的話，孩童的死是最令人難受的死亡。無論如何，若能從更高的觀點來看這樣的失去會有所幫助。或許，爲了達成靈性的進化，小孩的死，是包括了那個孩子在內的全體家人的靈魂所一致同意經歷的課題。或許死亡是某種催化劑，爲了幫助他們進化。

除了那些失去孩子的父母，我也曾替數不清的無法寬恕與忘懷的人通靈。也有不少是沒機會向某人道別而深感懊悔。還有被虐、性侵和有著悲慘童年的受害者，他們深受重創，他們的人生因爲恐懼和憎恨而癱瘓。這不是生活；這表示許許多多的未竟之事。

當人生帶來痛苦和傷害，我們必須仰賴我們的高我帶領我們度過。若不處理，它只會變成化膿的開放性傷口。傷口會變得更嚴重，因爲我們沒有在發生時去照顧和處理。而今，情況已變本加厲，比最初還糟。我們若想在人生路上繼續前行，就必須表達自己的感受並且解決任何的未竟之事。然而，我們要如何才能做一次徹底地向前邁進呢？

首先，使用心理治療來處理根深蒂固的阻礙。我從本身的經驗裡學到，心理治療提供了讓人能夠安心表達想法和感受的環境。客觀的治療師對你的情況不會懷有成見，通常也會以你的最高利益爲利益。而你自己反而會因太貼近過去的事，以致看不清狀況。治療師能客觀地以不被往事影響的全新目光去看待事情。

此外，你也可以在一個你感覺安全的環境裡與信賴的密友或支持團體討論。當和其他人討論你的問題時，久遠的回憶免不了會浮現，它迫使你在當下討論情境。這是好事，你不僅能因此知道別人的觀點，也有機會以你現在的觀點回顧過往，或許你還能運用上你在這段期間所學到的知識。以上兩種方式很有可能帶引你走向瞭解和接納。

另一個很有用的方法是寫信。假使你無法寬恕，或者某人已經過世，而你來不及向對方道別，不妨寫封信對那個人表達你的感受。若對方尚在人世，你可以選擇要不要把信寄出去。這個做法的用意是藉由書寫把情緒抒發到紙上，好讓你能釋懷，這樣你才有更多的空間去愛。

最後一個技巧是寫日誌。買本特別的日誌專門來記錄一些特別的情況。找一個不會受到打擾的地方，好比公園或是海邊，然後用文字描寫你受到的傷害，包括爲何你還放不下，還有那個傷害教了你靈魂什麼事。最後，問問你的高我，你需要做什麼才能放下這事。

你永遠不會完全走出親友的死、離婚的痛，或是童年遭受的虐待，但至少你可以釋放壓抑的淚水，將隱藏的感受表達出來。一旦如此，你將煥然一新，成爲一個不同且更完整的生命。我向你保證。你能做的最棒的事，就是開始與自己有一個誠實且充滿愛的關係。

李歐納德．柯恩（Leonard Cohen）是個很棒的歌手、詞曲作者和詩人，他曾說：「所有美的東西都有裂痕，但光就是這樣進來的。」我相信，克服過去的傷害、失望、心碎、憤怒和恐懼而得到的療癒，其精髓就在這句話裡。我們都必須經歷過不好的經驗，或許才會變得比較謙遜、慈悲、寬容、耐心和眞實，也因此成爲一個眞誠的人。我們每個人莫不是集感受、思想、情緒、信念、歷史、經歷於一身。這些是定義我們的事。當我們開始接受自己的瑕疵都是我之所以爲我密不可分的一部分時，我們會發現眞正的我們有多美。自我接納會如內在的美德般散發光芒，周遭所有人都將看到我們綻放的光采。

當我們能自我實現，充份發揮潛力，我們就是掌握了自己的力量，因爲我們已經超脫不完美並專注在自己的優點上。我們不再需要受制於罪惡感、受制於「萬一」，以及「可能會發生什麼」等等。反之，不論怎樣的經歷，我們都能從中有所收穫並且成長。我們前進到充滿新知的嶄新一天，而這即是柯恩所謂的「光就是這樣進來的。」我們啓蒙了。

因此，請勇敢往前走，散發你的光芒，讓別人也能看到、感受到，並且向你學習。比起有過痛苦經驗的你，有誰會是更好的老師，能對別人展示一條比較好走的路呢？

將事情劃上句點的關鍵

信心／信念

許多人把信心／信念認爲是代表個人理念的一些想法或感覺。雖然這兩個概念都涉及了信心的元素，但信心的完整定義卻寬廣得多。「信心」的英文 faith 是由希臘文 pistis 翻譯而來，意思是「確信」和「基於聽說的深信」。信心是你用你整個存在去相信的事。它是一種瞭解和眞正把自己交付給某樣事物。信心說穿了就是純粹的信賴。但我指的不是「盲目的信心」，而是眞正的信心。

對思維非常講究邏輯的人來說，信心是個比較難領會的概念。信心不是一個可觸摸的東西，所以無法用科學的方式衡量；它也不是你可以透過上課學來的東西。信心是你容許自己去感受和體驗的事。舉例來說，我對我的家人有信心，相信他們一心爲我好。我對我這本書的編輯和出版社有信心，相信他們會爲了讓這本書盡善盡美而全力以赴。我對你們，對讀者也有信心，相信你們看了這本書後會邁開步伐，走向深刻的療癒和改變人生的體驗。

我們的信心不斷被考驗。比方說，一個女子在一場悲劇事件中失去所有家人，或是一位男子在爲公司服務二十年後被裁員，又或者某個人被毆打到不省人事，旁人卻只是袖手旁觀。我們的信心在這些情況下會受到挑戰嗎？當然。當我們質疑自己的信心，我們會往內心深處探索並發現自己是否有足夠的信仰或信念可以度過挑戰。人生不是只有一帆風順的時候需要信心，遭逢悲劇的時候，它更是不可或缺。在那樣的時刻裡，信心可以幫助我們找到支撐下去的理由，讓我們堅持到底。當情況不見一絲光明，信心會是眞正的奇蹟。你的信心已經帶你走到人生這個階段。因此，絕對不要放棄。保持信心，特別是對自己的信心。

清明的良知

當和我們有關的事發展的結果不如預期，我們通常很難接受。我們覺得，**要是**自己做得不一樣，結果就會好上許多。於是，我們緊抓著罪惡感不放，責怪自己**做錯**了事，難以接受自己已是在所有資訊下做到最好了。

做正確的事情，不能單以結果論，或是以他人的意見來評斷。人生永遠都和做出好的決定——做正確的事——有關。你該不該接受另一份工作？你要不要跟朋友說她老公有外遇？你該墮胎嗎？你要不要拔掉父親的人工呼吸器？你要不要向警方通報被通緝的親人？

做出正確的選擇已經很難，而你還要爲自己的選擇負起全責。然而，你越常聆聽自己內在的指引，你就越能覺察到眞正的**你**，換句話說，就是你是誰，還有你所代表的。當你越能覺察到自己內在的洞察力，你就越容易擁有清明的良知。

出於愛的最後舉動

幾年前，我在西雅圖進行了一場令我至今難忘的通靈。這場通靈與一個非常困難的選擇，以及做正確的事有關。

一對夫妻並肩坐在室內的最右邊，看得出來他們很緊張。我向來要等靈魂出現了，才會去接近某個對象。忽然之間，一個年輕的男性靈魂現身在這對夫妻的身後，他讓我看到一間醫院病房。

我對觀眾說：「這裡有個年輕男子，他有金色的頭髮和藍色的眼睛，似乎是個非常溫和的靈魂。他在醫院的病床上，陷入昏迷。這跟……」

我還沒說完話，那對夫妻就站了起來。我朝他們走去。太太先開口。「我就知道他今晚會在這裡。」

「你認識這位年輕人？」我問。

「對。他是我們的兒子。」

觀眾低聲輕語。

「他連接著某種人工呼吸器。我看到他一動也不動。」我說。

「對。」太太回答，開始掉淚。「他出了意外。」

「他現在給我看意外的經過。他從像是鷹架的地方掉下來。他那時候是在工地嗎？」先生點頭確認。我知道這兩人非常痛苦。我進入他們的情緒中心，隨即感受到他們帶著內心的苦痛度日。我只能說，那種感覺宛如有顆巨石壓在胸口，讓人無法呼吸。

「他的名字是吉米還是跟我名字很像的詹米？」

「詹米。」

「詹米來這裡是要跟你們說，他很好，還有你們做了正確的事。他現在很快樂，所以想要謝謝你們。」

太太這時放聲大哭，我以爲她快要崩潰了，其他參加者似乎也都泫然欲泣。當我聆聽詹米說話時，這對夫婦互擁著對方。

「詹米很愛你們。他想讓你們知道，他一直都感受得到你們的愛。他很抱歉讓你們經歷這麼多的痛苦。」

這對夫妻點頭表示理解。

「奇普還是基普是誰？」我問。

「奇普是我們另一個兒子。他還活著。」太太回答。

「詹米說，奇普必須原諒你們，他沒有權利干預，你們做了正確、適當的事。」

就在這時候，我接收到完整的故事。「你們拔掉了兒子的生命支持系統，對嗎？」

「對。」這次是先生回答。

「奇普爲了這件事和你們發生爭執。他不要你們拔管，他說你們是兇手。」

聽到這句話，太太又哭了起來。

「嗯……你們爲詹米做了一個非常慈悲的舉動。他說他不想再待在這個塵世了。他希望能自由地離開。你們幫了他。」

這時候觀眾群裡有很多人也和這對夫妻一起哭泣。

「詹米謝謝你們釋放他的靈魂到天堂。」

「那奇普怎麼辦？」太太問道。

我直直望進她的眼裡。「你們是出於愛而做了這個舉動。奇普需要花一點時間才能學會這個課題。要對他有耐性。他沒看到全局。無論如何，繼續愛他。」

那對夫妻深深地向我道謝。

慈悲

大多數人認爲，要是每個人都跟自己的想法一樣，這個世界會是一個更好的地方。奇普當然希望他的父母與他的想法一致，他認爲不要拔掉他弟弟的呼吸器比較好。他就跟我們許多人一樣，從自我中心的觀點去看待生命。當其他人和我們有不同想法時，我們常常難以包容，也不尊重他們。然而慈悲會開啓我們的心去感受他人的痛苦。關懷和心存悲憫非常重要，因爲它會加深我們對別人和這個世界整體的覺察。慈悲會強化仁愛、同理心和同情心。人體裡最強壯的肌肉就是**心**，你只要鍛鍊它，它就會成長。

當開始練習慈悲的時候，你不可避免地會面對以往曾經歷的情緒，例如批判、種族歧視、性別歧視等等，你的心可能因此又封閉起來。但同時，你也會開始瞭解每個生活在這個地球上的人類的關聯。爲了融入整體，你必須面對並處理過去那些不仁慈和殘忍的記憶及感受。這些感受會從很深的情緒傷口浮現，並且也清楚告訴你，你需要對自己更慈悲。當你能先對自己慈悲，你就更容易悲憫他人。

感恩

慈悲和感恩息息相關。當你心存慈悲，你對任何爲生活帶來喜悅的小事都會心懷感激。我例行的感恩程序很簡單。早上醒來後，我會下樓到客廳，眺望眼前的海景，然後快速欣賞花園與藍天，並向賜予我一個如此美麗居處的力量致謝。這個環境讓我感覺平安、安全且快樂，我沒有一天不感謝自己所擁有的一切。

我們全都聽過這些說法：「要心懷感謝，事情本來還可能更糟。」以及「感恩自己至少還有健康。」當我們得知所愛的人從一場致命車禍中生還，那種感受就是感恩。當聽到身上的腫瘤是良性的時候，我們所體會到的感受也是感恩。沒錯，事情眞的可能更糟，只有懂得感恩才能正確看待世事。當然，在克服逆境之後，心懷感恩更是自然不過的事。

相對的，若你覺得自己不該承受某個失去，你因此無法感恩，甚至還覺得憤怒，這也無可厚非。前提是，你要瞭解這個感受只是一時的，你不必永遠都這麼覺得。每當我開始有這種感覺時，我會列出所有令我感謝的事。我可能沒什麼心情這麼做，但這確實會將我拉離恐懼，看事情也會稍微清楚些。生命中有太多値得開心和感恩的事，我們不必讓那麼一件事就讓我們意氣消沉或氣憤。値得我們專注的正面事物有好多好多。列出你要感謝的事物清單，心情低落時就把它拿出來仔細想想。

當你看著生活中一些不好的事、難相處的人和辛苦的境遇，你也可能心懷感謝，因爲他們提供給你不可思議的學習機會，更別提塞翁失馬焉知非福的情形了。當你回顧你的人生，請覺察到那些困難的時刻是如何爲你帶來難以估量的成長。

美好人生

我發現大多數（包含大家庭在內）的家庭成員，都能眞正認知到彼此間共享的愛與神奇。他們對自己是家裡的一分子，擁有自己所愛且能信賴的人心懷感激。在紐約上州演講時，我就遇到一個這樣的家庭。以下這場通靈也強調了這個概念的重要：完成你到人間的使命。

當時正值夏日，天氣有點潮濕。我們聚在一間會議廳裡，演講已進行到通靈的部分。我記得房間後面有架電風扇，一邊送風，一邊發出滑稽的聲音。觀眾中似乎有很多人彼此認識，因此我雖有些不自在，卻也覺得很溫馨。

我開始祈禱，然後簡短說明我工作的方式和靈魂如何跟我溝通。突然間，一個穿西裝打領帶的男士靈魂指著會議廳的某處。我朝他的方向走去，聽聽他有什麼話要說。

靈魂告訴我，跟她們說我很開心。她們不必再爲我哭泣。我請他提供多一點資訊以作確認。他讓我看到森林裡一間看來像是玩具般的小木屋，一個很質樸迷人的地方。

我對觀眾解釋：「一個看來很高雅的男士站在這裡指著林間的小木屋。有人知道這個情境嗎？」

前方兩位中年婦女舉起手來。

「你們認識名叫佛瑞德或……泰德的人嗎？」我問。

「泰迪！」她們異口同聲地尖叫。

我對她們微笑，然後繼續聆聽訊息。

「泰迪。他是你們的爸爸？他在說，我的女孩們。」

「對！是他。」

「他告訴我他原諒你們兩個了。你們開了他的車嗎？他給我看一輛敞篷車和兩個坐在車裡的年輕女孩。」

其中一位女子說道：「對，很多年前，我們曾把他的新車開出去兜風。」

「他說他很愛那輛車，所以對你們兩個很不高興，但他原諒你們。」

「我們很抱歉，爸。」另一個女兒說。

「兩位怎麼稱呼？」我問。

「我是漢娜，她是艾比。」

「你們還有另一個手足嗎？我看到一個年輕男孩和你們的父親在一起。」

「有。我們的弟弟克里斯，不過他還活著。」

「不是。他說這是另一個人。你們的爸爸有弟弟嗎？」

「洛伊叔叔。」

「泰迪說，他很高興能跟弟弟重修舊好。他說他學到了一課。」

「他們大吵過一架，然後有……我不知道……可能十年吧，都沒有說話。」

「你們的爸爸很高興他在過世前與弟弟和好。他還說他以你們爲榮。」

「他最棒了。我們好想你，爸。」艾比說。

「現在他又給我看那間小木屋。有一群人站在外面一株橡樹下。他說謝謝你們在那間老木屋舉行他的追思會。」

「我們知道他會喜歡那裡。那是他在這個世界上最喜歡的地方。」

「他在天堂也住在一棟類似的木屋裡。他說他現在很平靜。」

兩人聽得淚眼汪汪。

「你們的父親是很溫和的人。他說他對他的人生很滿足。他現在在指引下一代。」

「他有七個孫子女，當祖父當得很開心。」

「他會看顧著你們全部的人。」

泰迪的靈魂很平靜，因爲他在世時照自己的心意過生活，並且帶著清明的良知離開人世。

正面的態度

爲了吸引正面、喜悅和富足的情境到生活裡，你自己必須就是如此。如果你有個開放、充滿愛且正面的態度，人生的任何重擔都會因而減輕。因此，覺察自己的情緒是很重要的事。你的思想創造你的情緒。好的思想創造好的心情；負面思想製造惡劣的心情。你的心情和態度也都會影響你接觸到的每一個人。

態度驅動行爲。一個特定的態度，就好比你身上的衣服，是別人看得到的。每一天，你都可以選擇要表現出什麼樣的言行舉止，對世界送出什麼樣的情緒，還有要別人對你有怎樣的認識。

你的態度會彌漫周遭的空間。如果你感到憤怒，你可以選擇怒氣沖沖地度過一天，但你要意識到它的效應。所有和你互動的人或多或少都會被你的怒氣波及。那是你想給予這個世界的嗎？一直生氣不一定會讓你感覺好過，它很可能讓你感覺更糟。

我並不是說永遠不要生氣。不埋藏或否定情緒非常重要，因爲這樣你才知道自己眞正的感受。只是，在你決定要如何處理自己的感受時，別忘了要綜觀全局，從更廣大的視野來看事情。你永遠都有兩個選擇，一個是掌握自己的感受和行爲，另一個是任由你的情緒控制你。

最後，該是時候放下你的自我所受的傷害了，不是嗎？該是你打電話給家人或是朋友，爲了你們之間曾發生的事說聲「對不起」的時候了，不是嗎？拿起電話或寫封電子郵件表達你的愛，這不會花上什麼時間。如果你必須做正確的選擇並承認你或許錯了，現在就是時候。今天可以做的事不要拖到明天，畢竟，你有可能看不到明天。

希望

與信心一樣，希望，它也是無法被估量且觸摸不到。它並非一廂情願，而是生命中非常根本的要素。事實上，我認爲任何人若失去希望，就不可能好好地活下去。希望是人類構造裡很自然的部分。有了這個元素，我們才得以夢想、創造和克服阻礙。它是一股看不見的火花，推動許多人活出充實和有效益的人生。它是一個人內心深處的信心，相信事情一定會有正面的結果。只要懷有明天會更好的希望，即使是最惡劣的境遇也能克服。希望發自於我們內心，它喚醒眞實的自我，並幫助形成我們獨特的靈性。

我們必須記得，每一天都和隔天完全不同。過去的障礙，不論是自己給自己的，或是由別人造成的，雖可能緊抓著我們不放，然而，我們的內在就有改變的解答。我們的生命是有意義的。明天不會和今天一模一樣。即使我們認爲明天不會有什麼不同，但每天都充滿了希望和可能性的神奇，所以總是會有個什麼讓明天變得不一樣。每一天，我們都可以發掘出自己和他人從未被發現的新面向。

團圓

人們常問我：「詹姆斯，你做這個工作的收穫是什麼？」只要讀到接下來這個故事，你就會完全明瞭。

幾年前，我有幸爲一個家庭傳遞訊息，他們爲了見我，旅行了一千兩百英里。在那次的活動，我才剛完成冥想階段，就察覺到一股很濃的煙味。我往右邊看去，發現有隻黃金獵犬的靈魂在舔我的右手。有個大約九歲的小男孩站在狗的旁邊，他穿著一件小聯盟的制服，頭戴一頂紅帽。他對我說，*我要跟我爸說話*。他指向坐在我右手邊第三排末尾的男人。我看向那位坐在椅上的大塊頭中年男子，他的左邊還坐了兩個分別約十七和十五歲的女孩。就在男孩的靈魂指往那個方向時，狗兒隨即走向兩個女孩，在她們的周圍繞圈圈。

「先生，」我說，「這裡有個大約九歲的小男孩，他說他是你的兒子。他旁邊有隻黃金獵犬。」

淺髮色的女孩用雙手掩住嘴巴，尖叫道：「噢，天啊！」

男子立刻哭了起來，點著頭表示他瞭解我說的話。

我繼續：「他說他的名字叫作保利，他和一個年紀較大、名叫肯尼的男孩一起來的。」

這話引起兩個女孩和她們的父親很大的反應。他們立刻擁成一團。

「他們是我們的弟弟！」

就在這時候，幾位觀眾走向這名男子和他的女兒，表示給他們支持的力量。大受震撼的男子坐回椅子上。在我感應他的情緒時，我意識到有位女性靈魂站在他後面，正在輕撫著他的頭髮。我跟你說過，我永遠不會離開你。她無聲地說著。我默問她的名字。蘿絲。她回答。

「現在有個女子站在你後面，她說她的名字是蘿絲。」

男人垂下視線，然後點頭表示沒錯。其中一個女孩哭道：「她是我們的媽媽。」

「她答應過我，她永遠不會離開我！我多希望她不會離開。」那個爸爸說。

「她沒有離開。」我打斷他的話。「她就在你身後。」

三個靈魂對於能穿透兩個世界的薄紗非常興奮，一下子對我丟來好多、好多的思緒。我開始很快地敘述。

「他們看到了珍奶奶。爺爺也在那裡迎接他們。保利說，他在那邊玩棒球，肯尼還是像以前一樣帶來福去散步。」

接著那位母親，也就是蘿絲，讓兩個男孩安靜下來。她仍站在她先生後面，但開始把思緒和影像傳送到我的腦裡。

我看向兩個女孩，說：「你們的母親要我告訴你們，請你們與強森先生家聯絡，傳達這個訊息。她希望他們知道，強森先生爲了救人而犧牲生命，他死得非常高尚。生命沒有比這更偉大的成就了。」

這家人表示知悉。緊接著，我聞到煙味。

「你們的家人是因火災喪生的嗎？」

「是的，沒錯。」那個爸爸說。

「肯尼在對我喊，可是我們活得好好的！我們沒有眞的死掉！」

我再度看向那位父親，他邊哭邊說：「謝謝你。我的家人繼續活著就是我最後的希望。你不知道你帶給了我們什麼。」

然後我注意到那隻狗在舔女孩們的手，便把這個畫面告訴她們。

兩個女孩低頭哭泣，姊姊說：「是牠救了我們。那晚半夜，因爲來福叫醒了我們，我們才能逃出去。媽媽跑回屋裡救弟弟，但她就再也沒出來了。」

聽到這段話，母親對兩個女兒傳送了訊息。「你們的媽媽說，你們活下來不是沒有意義的。你們兩個要完成很多事，尤其是幫助別人。你們必須從這個事件裡學習，協助別人面對生死，要知道你們的母親和弟弟們都在爲你們加油。他們會從另一個世界助你們一臂之力。」

然後蘿絲對著我的耳朵大聲說話。我轉向她先生，我說：「蘿絲要我告訴你，你錯了。我們不在地下。我們比你們更有活力！」我看到她哈哈笑著。

「那就是蘿西。她就是這麼幽默。謝謝你，范普拉先生。你的工作眞是不可思議。你把我們的家人還給了我們。你給了我們希望。現在我們知道我們永遠不孤單，我們仍然在一起，永遠都在一起。謝謝你。」

話聲剛落，來福吠了。

我們全都有共同的聯繫，不論是身爲家庭的一分子，或是與親如家人的好友。每個人都想找到自己的生命目的，活出眞正的自己，並在沒有批判或偏見的情況下表達自我。伴隨著這股渴望而來的是對自由的嚮往。當你誠實面對自己，每天都活出眞正的自己，你將會找到你的自由。

你已經選擇了在這個時空回來完成生命的目標並得到靈魂的平靜。你抱持人生是有意義，而且值得自己來這麼一遭的希望而來。就讓這一刻成為你人生的轉捩點吧！你閱讀這本書就是要用新的眼光去看待自己並接納自己的偉大。現在就開始清理過去那些阻礙你實現自我與完整的未竟之事。在你新發現的自由裡，再也不會有那些「我早應該」和「我本來可以」的遺憾了。

我鍾愛的朋友

在我做了那個深奧的夢，夢裡看到我朋友薇奧莉特的幾天後，我仍不停地想著夢裡的一切，同時也回想我們兩人第一次見面的情形。那大約是在十年前，我剛搬到加州，住進現在這個家時候的事。有天早上，我到屋前撿早報，一輛載運生肉的卡車停了下來，車上的人問我是不是詹姆斯。

「我是。」我答道。

他說，街尾的女子告訴他我剛搬來。

「她叫什麼名字？」我問。

「薇奧莉特。」他說：「她真的很想認識你。她在電視上看過你。」然後這位駕著卡車的男子揮手道別，繼續往前面街道駛去。

我還記得自己當時想著，薇奧莉特人一定很好，但我就這樣登門自我介紹感覺很怪。我知道我們終究會相遇。

接下來的幾個月，我遇到了好幾位街坊鄰居。每個人都問我：「你見到薇奧莉特了沒？」

我不禁好奇薇奧莉特究竟是誰，還有她到底有什麼特別之處，爲什麼每個人都敦促我去見她。

隔週，我的好奇心戰勝了理智。我拿出我的第一本書《與天堂對話》，然後沿路走去見這位神秘的薇奧莉特。

當我抵達她家，往下走了幾階漆了褐色油漆的木頭階梯，我注意到鮮紅色的大門外放了很多不同款式的鞋。我敲敲門，聽到一個只有抽了多年香菸又喝威士忌才會有的低啞嗓音說道：「誰啊？」

門開了，一位有著一雙大大綠眸的嬌小女士笑容滿面地說：「哦，天啊，詹姆斯·范普拉。」

我立刻感到有股驚人的能量穿透身體，彷彿自己是與一位相處過許多世的老靈魂再次連結。那種感覺既熟悉又有點奇怪。

「我一直在等你。」她說：「要喝茶嗎？」她拿走沙發上的報紙，我坐下來，完全被周圍的環境所吸引。

「好啊。謝謝你。」

薇奧莉特走進廚房，不斷地說：「哎呀，我真是不敢相信！」

我坐在沙發上，看著室內陳列的美麗骨董雕像和玻璃器皿。牆壁上掛滿了加州印象派畫家精彩的山丘風景和花卉畫作，一幅比一幅漂亮。

我大聲對廚房方向說道：「我好喜歡你的畫。你是收藏家嗎？」

薇奧莉特用托盤端了杯子走出來。「他們都是本地的畫家。我啊，每個週末都會去收集廢物。」她邊說邊把杯子放到我面前。

「收集廢物？」

「對。庭院拍賣、車庫拍賣啦。別人的垃圾有可能是你的寶藏，你還能用很划算的價錢買到！」薇奧莉特的眼裡閃著光芒。

「是啊，我聽說過。」

她接著跟我說她在電視上看過我。她直視著我，啜飲著茶說：「我的信念就跟你的一樣。我們必須互相扶持。世人需要知道眞相。噢，神不是很奇妙嗎？」

我完全明白她話中的涵義。

薇奧莉特分享她在「課程」，也就是戒酒無名會三十年的經驗。「我學會在每件事和每個人身上感謝神。」她停頓了一會。「詹姆斯，世人不相信自己，這很令人惋惜，不是嗎？他們看不到自己擁有的力量。你知道，他們沒有意識到，是他們自己的念頭和對待彼此的方式，創造了他們的世界。」

薇奧莉特的觀察令我詫異。我立刻明瞭爲何鄰居都要我來見她。他們大概都發現了，我們兩個根本是一路人。

「你的茶喝完了嗎？」她問。

「對，喝完了。」

「給我。」她伸手過來取杯。

我把杯子遞給她，不確定她要做什麼。

她把杯子顛倒，把大部分的茶葉倒到淺碟上。「這是土耳其茶。」

薇奧莉特仔細看著茶杯底部剩餘的茶葉。「噢，我看到你將會寫兩本書……噢，還有，你會在電視上開一個和鬼魂有關的節目。」她看著我微笑。「不過他們（指節目製作）做的不太對。」

她又垂下視線仔細端詳，然後說：「你的身體很健康，而且你幫助很多人。」

我向她道謝。

「好啦，你可以走了。歡迎你隨時再來。」

我人生中最不可思議又充滿愛的靈性互動就這麼開始了。我們每天都會互通電話，確定對方一切安好。她有次告訴我，她曾有過「重要的另一半」，而他們活在「罪惡」裡。我也記得有次她來我家參加晚餐派對時，開玩笑地穿著一件給精神病患用的約束衣，逗得賓客們開懷不已。

薇奧莉特眞的很有個性，我無法不愛她。她本身除了是街坊鄰居閒談的話題，她還有辦法知道方圓兩英里內發生的事。我相信她眞的是這個社區的「千里眼」。

我們花很多時間理性探討生、死和死後的世界。她常問：「爲什麼這個世上的人沒看到他們可以展現仁慈的機會？」

我們之間深厚的情誼維持了十年之久，直到薇奧莉特在那命中註定的一天，緊張地打電話給我。

「詹姆斯，他們發現我的心臟有大塊堵塞，所以要幫我動手術。」隔週，薇奧莉特進了加護病房，我趕在開刀前夕去探望她。

一走進病房，我立刻感受到排山倒海的悲傷。躺在那裡的生命已是風中殘燭。

和她說話時，我意識到有幾個靈魂站在她後面，期待著她的歸去。

「有個叫比爾的人想讓你知道他在這裡。」

「那是我先生。願神保佑他。」

這是她最後的話語。薇奧莉特在手術台上中風，沒能活著離開醫院。我後來又有一次看到比爾的臉，他正是幾個月前出現在我夢中的神秘男子。

現在，我當然意會到這些夢都是薇奧莉特在與我分享她的死亡情景。解讀出夢境意涵的幾天後，有回我正在爲花園的植物澆水，當我抬起頭來，我看到天堂鳥的旁邊站著被超脫世俗的光所環繞，光芒四射的薇奧莉特。

「謝謝你，詹姆斯。」她說：「我很抱歉在夢中讓你困惑，但我一直沒有機會感謝你在過去這些年中當我的朋友。我想讓你知道，不論是愛人還是被愛，我們都會得到回報。當我們感受到別人的愛，我們就永遠不會孤單。我需要讓你知道這點，這樣我才能確定自己沒有留下任何的未竟之事。」

緬懷　　　薇奧莉特·麥克凱維特
（Violette McKevitt）
5.26.2008

謝辭

布萊恩・普萊斯頓（Brian Preston）：謝謝你總是牽著我的手，指引我走正道。

莫拉・佛瓊（Maura Fortune）：當我和你這樣一位好姊妹分享人生美好的時刻，這些時刻就變得更加特別。謝謝你如此自由地歡笑，如此自由地去愛。

貝利一家（the Barry family）：願愛爾蘭的眼睛永遠對著你們微笑。

裘蒂・費雪（Joerdie Fisher）：你確實是神性之母……因爲，那就是你。

瑪莉・安・薩克森（Mary Ann Saxon）：非常感謝你的信任和鼓勵。你眞的是我的靈魂伴侶，不是嗎？

凱利・丹尼斯（Kelley Dennis）：如果笑聲是最好的良藥，那麼你就是我最喜歡的醫生。

傑佛瑞・艾森柏格（Jeffrey Eisenberg）：你是我最老的朋友之一，而想到我還多麼地年輕，就覺得這眞是太棒了。

奇普・麥卡利斯特（Chip McAllister）：聽到你的聲音，總是讓我的一天亮了起來！

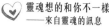

感謝你讓人生一直這麼有趣又充滿驚喜。

肯・洛柏（Ken Robb）：如果我是陰，你就是陽。生日的時候，我最想與我邪惡的雙胞胎兄弟一起度過。「祖國」（fatherland）永遠是我們的。

瑪麗安・麥克蓋瑞（Marion McGarry）：我一見到你，就知道我們早就認識無限久了。謝謝你的鼓勵和友誼，還有最重要的，那些歡笑的時光。我的肚子到現在還在痛！

克里斯臣・狄肯斯（Christian Dickens）：你的演出是個傳奇！能成爲你歡樂盛會的一份子，我永遠心懷感激。

辛蒂・夏克（Cyndi Schacher）：感謝你對這個世界和她的居民所抱持的璀璨觀點。我最喜歡和你一起共乘車了。

喬・史金漢（Joe Skeehan）：你是個眞誠的好人。謝謝你總是在我不切實際過於天眞時，爲我顧好世俗的事務。

瑪莉蓮・詹森（Marilyn Jensen）：跟隨星星的路。你豐富了許多人的生命。感謝你這麼多年來用你明亮的光芒照亮我們大家。

賈桂・奧查亞（Jacquie Ochoa）：感謝你所有溫柔和愛的照顧。你對這個世界的好奇與追根究底，總是讓我們忙碌。你不僅聰慧，又是那麼的善良。

史考特・史威默爾（Scott E. Schwimer）：感謝我的生命中有你。謝謝你總是聽我訴苦，並且在我最需要的時候與我分享網站。

托利·密契爾（Tori Mitchell）：我的家永遠歡迎你那甜美無私的性格，還有你的魔鬼蛋（編註：一道前菜）和黑橄欖。

藍迪·威爾森（Randy Wilson）：所有跟荒野、汽車及設計有關的事，我都仰賴你。感謝你可靠的友誼。

朵羅西亞·德雷加多（Dorothea Delgado）：朵兒姊妹！你對我們所生活的這個世界的洞察，連我都感到吃驚。

凱利·科連碧恩克（Kelley Kreinbrink）：非常感謝這幾年來你爲我做的一切。希望在接觸到聖靈後，這個世界對你來說更加美好。

卡米·佛洛恩（Cammy Farone）：對你多年來無私的奉獻，我的感激和謝意無可計量。謝謝你貢獻你的藝術才華，並對我展現如何慈悲待人。

HarperOne出版社：謝謝你們每一位，你們提供給我的平台，讓數百萬迷失的人得以受到啓發。我很感謝能成爲你們這個大家庭的一員，也謝謝你們讓我有家的感覺。

吉迪恩·維爾（Gideon Weil）：我前世一定是積了功德，今生才能有你這麼好的編輯。

蘇珊·威克漢（Suzanne Wickham）：感謝你發揮驚人的組織能力、專業和辛勤的工作，讓這個世界知道我是誰。

安德魯·李爾（Andrew Lear）：我們來場演出吧！謝謝你引導我在好萊塢的急流中前行，並且不致迷失方向。

珍·米勒（Jan Miller）：感謝你給我這本書的靈感。我也要向杜普利米勒（Dupree Miller）文學經紀公司的所有人致謝，謝謝你們協助我把這本書的文字帶給這個世界。

參考書目

* Ashton, Robert. The Life Guide: Ten Things You Need to Know About Everything That Matters. Upper Saddle River, NJ:T Press, 2008.
* Bays, Brandon, The Journey: A Practical Guide to Healing Your Life and Setting Yourself Free. New York: Simon& Schuster, Fireside, 1999.
* Beazley, Hamilton, No Regrets: A Ten-Step Program for Living in the Present and Leaving the Past Behind. Hoboken, NJ: Wiley, 2004.
* Cayce,Edgar. Soul and Spirit: Fully Understand Yourself and Your Life. Virginia Beach, VA：A.R.E.Press, 2006.
* Coleman, Paul. Life's Parachutes: How to land on Your Feet During Trying Times. New York: Dell, 1993.
* Dalai Lama, His Holiness the. Live in a better Way: Reflections on Truth. Love,and
* Happiness. New York: Penguine Compass, 2001.
* Dowrick, Stephabie. Choosing Happiness: Life and Soul Essentials. New York: TARCHER, Penguin, 2005.
* Erikson,Erik H. The Life Cycle Completed. New York: Norton, 1988.
* Finley, Guy. The Secret of Letting Go. Woodbury, MN:Llewellyn, 2007.
* Goldsmith, Joel S. Awakening Mystical Consciousness. Atlanta: Acropolis, 1980.
* Hallowell, Edward M. Dare to Forgive. Deerfild Beach, FL: Health Communications, 2004.
* Hammer, Frank L. Life and Its Mysteries. Philadelphia: Dorrance, 1945.
* Hill, Dawn. Reaching for the ther Side. North Hollywood, CA: Newcastle, 1983.

* Joy, W.Brugh. Joy's Way: A Map for the transformational Journey: An Introduction to the Potential for Healing with the Body Energies. Los Angeles: Tarcher, 1979.
* Mack, Joshua. Karma 101: What Goes Around Comes Around... And What You Can Do About It. Gloucester, MA: Fair Winds Press, 2002.
* Michie, David. Buddism for Busy People: Finding Happiness in an Uncertain World. Crows Nest, Australia: Allen & Unwin, Inspired Living, 2007.
* Roman, Sanaya. Spiritual Growth. Being Your Higher Self. Tiburin, CA: Kramer, 1989.
* Smedes, Lewis B. Forgive and Forget: Healing the Hurts We Don't Deserve. New York: HarperCollins, 1984.
* Sugrue, Thomas. There Is a River: The Story of Edgar Cayce. Virginia Beach, VA:A.R.E. Press, by arrangement with Holt, Riehart and Winston, 1942.
* Trvris, Carol, and Elliot Aronson. Mistake Were Made (But Not By Me) : Why We Justify Foolish Beliefs, Bad Decisions, and Hurtful Acts. Orlando, FL: Harcourt, 2007.
* Thondup, Tulku. Boundless Healing: Meditation Exercise to Enlightened the Mind and Heal the Body. Boston and London: Shambhala 2000.
* White Eagle. Awakening: A Guide for Living with Death and Dying. Hampshire,UK :
* White Eagle Publishing Trust, 2002.
* Yogananda,Paramahanda. Man's Eternal Quest. Los Angeles: Self-Realization Fellowship, 1975.

園丁後記

很認同作者所說，「受害者心態是許多社會問題的根源。」會把生活的不順遂怪到別人身上的人眞的超乎想像得多。只要生活不如己意，只要別人沒有如他／她所預期的對待自己，他們可以一路從父母家人怪到同事、朋友。凡所有往來過的對象，無一倖免。他們總是在檢討別人對他們的傷害，批評別人與自己不同的立場，挑別人無心的錯。

有這樣傾向的人，爲了博取他人的同情與認同，不論是刻意還是習慣使然，他們所敘述的事情常只技巧性地呈現部分片段，因此往往混淆了視聽。他們會慣性地找代罪羔羊，爲自己的不快樂負責。每個人的生活圈都難免會遇到或知道這樣的人，他們不是不懂同理心，但他們的同理心只應用在自己身上或意識型態與自己相同的人，他們對於傷害別人的痛無法同理，唯獨對自己受的傷非常有感，極端的雙重標準與僞善。

社會上這樣病態的人其實不少。最初我們或會因對方可憐的自述而抱不平或心生憐憫而伸出援手，不論是提供機會還是表示友誼，但到了最後，我們總會認清一個簡單的事實，那就是只要遇到有受害者情結的人，無論我們付出多少，多無愧於心，我們還是無法幫助那人脫離他／她自己製造出的悲苦情境，因爲就算在順境裡，他們依舊不願放下過往的創傷和批評別人的習性。

他們的腦袋裡像是永遠裝著那本專門記載自己所認爲受到的不平與傷害的本子，時不時拿出來提醒自己，別人是如何對不起他／她。似乎唯有透過不斷的批評與埋怨，他們才能找到自己的存在感。他們間中或會表現出自省的舉動，但往往也只證明那是他們爲延續別人認同的手段。

每個人的生命難免有不如意的地方，我們都會受傷和受挫，但正因爲這些傷痛與波折，我們更該懂得體諒別人，懂得同理他人，而不是將己之不欲，加諸於人。

說穿了，有受害者情結的人往往看似弱者，事實上，卻是加害者。

如果你的生命中或生活圈有這樣的人，請抖去腳上的塵土，趕快離開吧！

遇到這樣的人只能避而遠之，因爲你所有的良善意圖與實質協助，到頭來都免不了被扭曲或批判，只爲了他們滿足自身那不健康的心態。因爲他們就是無法學習去愛自己，也不願爲自己的人生和決定負起責任。把一切歸罪於別人，對他們來說不但簡單許多，更是吸引外界對他們關注的方式。

不再心軟，這是讓有受害者心態的人學習爲自己負責的必要做法。

宇宙花園 17
靈魂想的和你不一樣——來自靈魂的訊息
UNFINISHED BUSINESS: What the Dead can Teach Us about Life

作者：James Van Praagh
譯者：林雨蒨
編輯：張志華
內頁版型：黃雅藍
出版：宇宙花園
通訊地址：北市安和路1段11號4樓
網址：www.cosmicgarden.com.tw
e-mail：service@cosmicgarden.com.tw
總經銷：聯合發行股份有限公司 電話：(02)2917-8022
印刷：鴻霖印刷傳媒股份有限公司
新版一刷：2021年3月 定價：NT$ 420元
ISBN：978-986-97340-7-3
UNFINISHED BUSINESS: What the Dead can Teach Us about Life
by James Van Praagh

國家圖書館出版品預行編目資料

靈魂想的和你不一樣：來自靈魂的訊息 / 詹姆斯・范普拉(James Van Praagh)作；林雨蒨譯. --- 二版. ---臺北市：宇宙花園有限公司，2021.02
面； 公分. ---（宇宙花園；17）
譯自：Unfinished Business: what the dead can teach us about life
ISBN 978-986-97340-7-3（平裝）
1. 通靈術
296.1 110002144